ikubundo

この問題集の音声は，下記の郁文堂のホームページよりダウンロードすることができます。
https://www.ikubundo.com/related/94

01　本文中のこのマークは音声収録箇所を示しています。数字は頭出しの番号です。

CD は別売となります（2 枚組 / 本体価格 2,000 円 / 送料別）。ご希望の場合は，下記郁文堂営業部までご注文をいただけますよう，お願いいたします。

【郁文堂営業部】
Mail: info@ikubundo.com
Tel: 03-3814-5571 Fax: 03-3814-5576
お問い合わせフォーム：https://www.ikubundo.com/contact

まえがき

――ドイツ語技能検定試験に挑まれる皆さまへ――

世界の激動が続いています。ウクライナでの戦争は丸一年経っても出口が見えず，ロシアと「西側」諸国の対立はますます先鋭化し，世界大戦に刻一刻と近づいているように見えます。エネルギーや食糧は軍事的な取引の材料となり，各地で物価のインフレーションを引き起こし，経済を混乱させています。また，新型コロナウィルスの流行は3年を経過してもなお世界各国の社会情勢にさまざまな影を投げかけ，混迷に輪をかけています。しかも，マスメディアやインターネット上を流通する情報や言葉は，どこでどういう「力」によって加工を受けたものかが必ずしも明らかではなく，噂や臆見によってもしばしば社会の趨勢が大きく動きかねません。

一方で，別の方面からも私たちの世界を揺り動かす要因が見えてきました。人工知能の発達に加速がかかりだし，私たちの生活のあらゆる場面に目に見える影響が出始めたのです。昨年11月に公開されはじめたChatGPTなどの人工知能チャットによって，AIによって出される「(人間よりも賢い?) 結論」が私たちの日常にとって急速に身近なものとなってきました。しかも，これらの人工知能チャットは皆，複数言語によるやりとりが可能です。以前から存在する，AIを利用した「Google翻訳」や「DeepL翻訳」などの翻訳サイトや各種自動翻訳機による翻訳の精度も，随分と上がってきています。

こんな時代に，私たち，外国語を学ぶ人間たちは，何をどう考えるべきなのでしょうか？ 「AIが相当のレベルで自動翻訳をしてくれる時代に，苦労して外国語を学ぶ理由などない」とドライに言い放つ人も一定数います。実際，そういう意見も少なくともある程度は妥当なものでしょう。スマートフォンに音声翻訳アプリを入れておけば，言葉が全く通じない外国に行っても，日常会話にはほとんど困らないかもしれません。人類が「バベルの塔」以来の外国語習得の苦労から相当程度解放されるとすれば，それはたしかに素晴らしいことでしょう。地球上のあらゆる言語を習得できる人はいないでしょうが，スマートフォンを持っているだけで，何語を話す人とでも会話ができる時代がほぼ始まっています。ただ，そういう時代になっても，苦労して自分の脳味噌に異言語を覚えさせるという「苦行」を趣味とする人はいなくならないでしょうし，外国語を習得するという営為の意味はなくならないでしょう。それどころか，外国語学習は今後の人類にとってもきわめて重要な営みであり続けるはずです。

言葉が，情報や意志の「伝達」をするための単なる道具であるなら，その伝達の意味内容を機械翻訳するだけで用は足りるのかもしれません。けれども，言葉はそれだけのものではありません。日本語で「ただいま」と言うとき，私たちは何を「伝達」しようとしているでしょうか。それをドイツ語に翻訳しようとするなら，どんな言葉になるでしょう。„Ich bin wieder da“？ では，「おかえり」は……？　当たり前のあいさつの言葉が，いきなり難問を投げかけてきます。しかも，「ただいま」「おかえり」という言葉によって伝わるものは，場面によってさまざまです。お父さんが「ただいま」と言うのを聞いて，「パパ，疲れてるな」と受け止めることもあるでしょう。お母さんの「おかえり」で「ああ，今日はママはうちにいるんだ」と分かることもあるでしょう。言葉の意味は，文脈，字面，口調，声，表情，ありとあらゆる要素と結びついて，ほとんど無限と思えるほどの多層性を持ちます。それは，言葉というものが，人間の生活と存在の一番奥深いところまでつながっているからでしょう。

ドイツ語を学ぶとき，私たちはドイツ語を使って生きる人たちの社会と心に少しずつ入っていきます。そして，それは四方八方に，心と身体の両面を巻き込んで広がっていきます。「言葉」という営みにこそ，人間存在のなんたるかが象徴的に表現されているからです。そう考えると，あらゆることがテクノロジーの支配下に入りつつあるかのように見える時代にあって，外国語に沈潜することこそが，最も人間らしい営みと言えるかもしれません。豊かな文化と思想を湛えたドイツ語と日本語というふたつの言葉をつなぐ営みが，皆さまの人生に大いなる活力と喜びをもたらしますように。

2023年　春

ドイツ語学文学振興会

目　　次

5 級

5 級 (Elementarstufe)
検定基準

■初歩的なドイツ語を理解し，日常生活でよく使われる簡単な表現や文が運用できる。

■挨拶の表現が適切に使える。自分や他人を簡単に紹介することができる。
広告やパンフレットなどの短い文の中心的な内容が理解できる。
必要に応じて簡単な数字やキーワードを書き取ることができる。

■対象は，ドイツ語の授業を約 30 時間（90 分授業で 20 回）以上受講しているか，これと同じ程度の学習経験のある人。

2022年度 夏期 ドイツ語技能検定試験
5級
筆記試験　問題
（試験時間　40 分）

出題は新しい正書法（単語のつづり方などに関する規則）に従います。解答は新旧いずれの方式でも認めます。

――注　意――

■受験票と机の上の受験番号が同じであることを確認してください。
■携帯電話，スマートフォン，スマートウォッチ等の電子機器類は電源を切り，カバン等にしまってください。机の上に置いてはいけません。
■中途退場は認めません。退場は試験放棄となります。

①問題冊子は試験開始の合図があるまで，開いてはいけません。
②問題冊子は表紙・裏表紙を含めて 8 ページあります。
余白は下書き・メモ用に使ってかまいません。
③試験監督者の指示に従って，解答用紙の所定の欄に，受験番号・氏名を記入してください。
④解答は黒の HB の鉛筆で強めに記入してください。
書き直す場合には，消しゴムできれいに消してから記入してください。
⑤**解答はすべて解答用紙の指定された箇所に記入してください。**
⑥記入する数字は，下記の見本に従って書いてください。

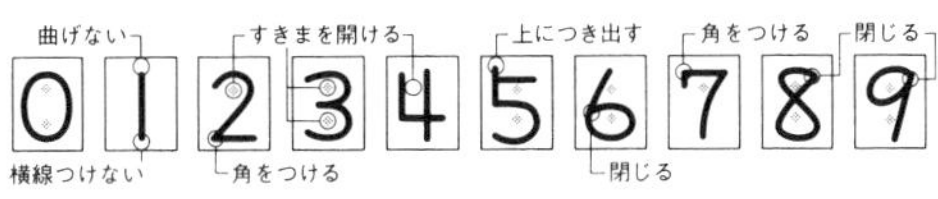

■試験が終わっても，指示があるまで席を立たないでください。
■解答用紙は持ち帰ってはいけません。
■この問題冊子の無断転載，無断複製を禁じます。

1 次の文で空欄（ **a** ）～（ **d** ）の中に入れるのに最も適切な動詞の形を，下の **1** ～ **3** から選び，その番号を解答欄に記入しなさい。

Mein Freund (**a**) aus Frankreich. Er (**b**) jetzt hier in Hamburg. Er (**c**) gut Deutsch. Wir (**d**) im Sommer zusammen nach Paris.

(a)	**1** kommen	**2** kommst	**3** kommt
(b)	**1** arbeiten	**2** arbeitest	**3** arbeitet
(c)	**1** sprecht	**2** sprichst	**3** spricht
(d)	**1** reise	**2** reisen	**3** reist

2 次の **(1)** ～ **(3)** の文で（　　）の中に入れるのに最も適切なものを，下の **1** ～ **4** から選び，その番号を解答欄に記入しなさい。

(1) (　　) kommen Sie? – Ich komme aus Berlin.
1 Wann　**2** Was　**3** Wo　**4** Woher

(2) Was macht ihr am Wochenende? – (　　) gehen ins Kino.
1 Er　**2** Ihr　**3** Sie　**4** Wir

(3) Er kauft ein Buch. (　　) Buch ist teuer.
1 Das　**2** Den　**3** Der　**4** Die

3 次の (**A**) ～ (**C**) に挙げられた単語のうち，意味のグループが他と異なるものを，例にならって，下の **1** ～ **4** から一つだけ選び，その番号を解答欄に記入しなさい。ただし，名詞の性の区別は関係ありません。

例） **1** Brot　　**2** Buch　　**3** Ei　　**4** Eis
2 の Buch（本）だけ食べ物ではないので他と異なります。

(**A**) **1** Frau　　**2** Kind　　**3** Mann　　**4** Zucker
(**B**) **1** Berg　　**2** Meer　　**3** See　　**4** Woche
(**C**) **1** Blume　　**2** Hose　　**3** Jacke　　**4** Rock

4 次の (**1**) ～ (**4**) の条件にあてはまるものが各組に一つあります。それを下の **1** ～ **4** から選び，その番号を解答欄に記入しなさい。

(**1**) 下線部の発音が他と異なる。
1 Abend　　**2** Arbeit　　**3** Berlin　　**4** Herbst

(**2**) 下線部にアクセント（強勢）がない。
1 Ferien　　**2** Geschenk　　**3** Lehrer　　**4** Wetter

(**3**) 下線部が短く発音される。
1 Glas　　**2** Nase　　**3** Straße　　**4** Wasser

(**4**) 問い **A** に対する答え **B** の下線の語のうち，通常最も強調して発音される。
A: Oliver, was ist dein Hobby?
B: Ich spiele gern Klavier.

1 Ich　　**2** spiele　　**3** gern　　**4** Klavier

5 (**A**) ~ (**C**) の会話の場面として最も適切なものを，下の **1** ~ **4** から選び，その番号を解答欄に記入しなさい。

(**A**) **A**: Entschuldigung, wo ist das Rathaus?
B: Gehen Sie hier geradeaus, dann nach rechts.
A: Vielen Dank.

(**B**) **A**: Was möchten Sie?
B: Ich nehme einen Apfelkuchen und eine Tasse Tee.
A: Einen Moment, bitte.

(**C**) **A**: Ich möchte zwei Postkarten nach Japan schicken.
B: Das macht 1,90 Euro.
A: Hier bitte.

1 郵便局　　**2** 銀行
3 道案内　　**4** 喫茶店

6 次の Franz と Helene の会話を完成させるために，日本語になっている箇所 **A** ～ **D** にあてはまる最も適切なドイツ語を下の **1** ～ **3** から選び，その番号を解答欄に記入しなさい。

Franz: (**A** 今日は暑いね。) Es sind schon 33 Grad!
Helene: (**B** 私のどが渇いたわ。) Trinken wir etwas?
Franz: Gute Idee. Dort gibt es ein Café. Gehen wir?
Helene: (**C** ええ，よろこんで！) Das Café kenne ich noch nicht. Ist es neu?
Franz: Ja, ja. Das ist ganz neu.
Helene: Ach so. Ist das Café gut?
Franz: Ich denke, der Kaffee dort ist sehr gut. (**D** 僕の姉もそう言っているよ。)

A
1 Heute ist es heiß.
2 Heute ist es kalt.
3 Heute ist es schön.

B
1 Ich habe Durst.
2 Ich habe Hunger.
3 Ich habe Zeit.

C
1 Ja, gern!
2 Ja, immer!
3 Ja, richtig!

D
1 Das sagt auch meine Mutter.
2 Das sagt auch meine Schwester.
3 Das sagt auch meine Tante.

7 以下の文章の内容に合うものを，下の **1** ～ **4** から二つ選び，その番号を解答欄に記入しなさい。ただし，番号の順序は問いません。

Ich heiße Marie. Ich habe eine Katze. Sie heißt Mimi und ist 20 Jahre alt. Sie schläft gern auf dem Sofa. Sie schläft auch oft bei Elias. Elias ist mein Bruder. Er liebt Mimi sehr. Wir spielen oft mit Mimi.

1 マリーは 20 歳の犬を飼っている。

2 ミミはソファーの上で寝るのが好きだ。

3 ミミはいつもマリーのそばで寝る。

4 マリーとエリアスはミミとよく遊ぶ。

8 以下は，ある学生食堂（Mensa）の掲示です。表示の内容と一致するものを **1** ～ **8** から三つ選び，その番号を解答欄に記入しなさい。ただし，番号の順序は問いません。

Speiseplan (06.-10. Juni 2022)

Mittagessen

Menü A
Fleisch (Rindfleisch), Kartoffelsalat, Tomatensuppe … 4,20 Euro

Menü B
Fisch (Lachs), Reis, Gemüsesuppe … 4,10 Euro

Menü C (vegetarisch)
Salat groß, Brot, Nudelsuppe … 3,90 Euro

Abendessen
Schnitzel mit Pommes … 3,90 Euro

Öffnungszeiten
Mittag: Montag – Freitag 11:15 Uhr – 14:00 Uhr
Abend: Montag – Freitag 18:00 Uhr – 20:00 Uhr

Mensa Bächlein
Friedrichstraße 17
Tel. 07071/245899

1 この掲示は7月6日から10日までの食事メニューの案内である。

2 この掲示には4種類の昼定食が載っている。

3 A定食は肉料理である。

4 B定食にはパンがついている。

5 C定食は魚料理である。

6 昼定食にはすべてスープがついている。

7 この学生食堂は夕食も提供している。

8 この学生食堂は月曜日から土曜日まで営業している。

5級

2022年度 夏期 ドイツ語技能検定試験

筆記試験 解答用紙

受験番号	氏名

手書き数字見本

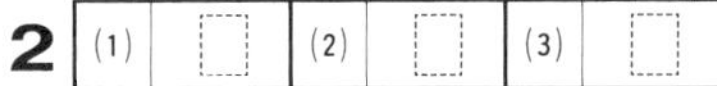

1	(a)		(b)		(c)		(d)	
2	(1)		(2)		(3)			
3	(A)		(B)		(C)			
4	(1)		(2)		(3)		(4)	
5	(A)		(B)		(C)			
6	A		B		C		D	
7								
8								

01

2022年度 夏期 ドイツ語技能検定試験

5級

聞き取り試験　解答の手引き

（試験時間　約20分）

> **出題は新しい正書法（単語のつづり方などに関する規則）に従います。解答は新旧いずれの方式でも認めます。**

——— 注　意 ———

■受験票と机の上の受験番号が同じであることを確認してください。

■携帯電話，スマートフォン，スマートウォッチ等の電子機器類は電源を切り，カバン等にしまってください。机の上に置いてはいけません。

■中途退場は認めません。

①指示があるまでページを開いてはいけません。

②聞き取り試験は3部から成り立っています。

③試験監督者の指示に従って，解答用紙の所定の欄に，受験番号・氏名を記入してください。

④放送の指示でページを開き，解答のしかたをよく読んでください。解答のしかたと選択肢などが，2〜3ページに示されています。

⑤解答は黒のHBの鉛筆で強めに記入してください。
書き直す場合には，消しゴムできれいに消してから記入してください。

⑥**解答はすべて試験時間内に解答用紙の指定された箇所に記入してください。**

⑦記入する数字は，下記の見本に従って書いてください。

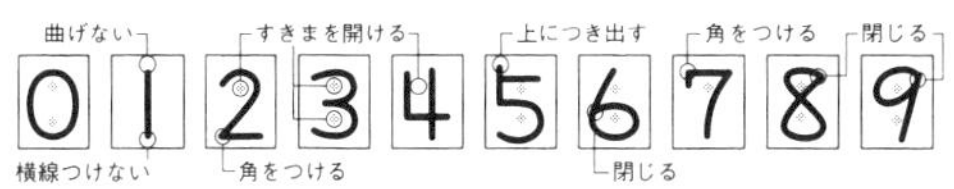

⑧アルファベットは大文字と小文字の判別ができるようにはっきりと書いてください。

■試験が終わっても，指示があるまで席を立たないでください。

■解答用紙は持ち帰ってはいけません。

■この問題冊子の無断転載，無断複製を禁じます。

02

第 1 部　Erster Teil

1. 第 1 部は，問題 (**1**) から (**5**) まであります。
2. まずドイツ語の短い文章を 2 回放送します。
3. それを聞いて，その文章の内容を最も適切に表している絵をそれぞれ **1** ～ **4** から一つ選び，その番号を解答用紙の所定の欄に記入してください。
4. 以下，同じ要領で問題 (**2**)，(**3**) と進みます。
5. 次に，問題 (**4**) では数字を聞き取り，その答えを算用数字で解答用紙の所定の欄に記入してください。
6. 次に，問題 (**5**) では動詞を聞き取り，その答えを解答用紙の所定の欄に記入してください。
7. 最後に，問題 (**1**) から (**5**) までをもう一度通して放送します。
8. メモは自由にとってかまいません。

(**4**) Ein Stück Kuchen kostet □ Euro.

(**5**) Franziska ____________ eine Tasche.

03

第 2 部　Zweiter Teil

1. 第 2 部は，問題 (**6**) から (**8**) まであります。
2. まずドイツ語の短い文章を放送します。次にその文章についての質問として，問題 (**6**) ～ (**8**) を放送します。
3. それを聞いた上で，それぞれの問いの選択肢 **1** ～ **3** から質問の答えとして最も適したものを選び，その番号を解答用紙の所定の欄に記入してください。
4. 文章と質問は，合計 3 回放送します。
5. メモは自由にとってかまいません。

(**6**)　**1** Ärztin.　**2** Lehrerin.　**3** Studentin.

(**7**)　**1** In Berlin.　**2** In Bremen.　**3** In Dresden.

(**8**)　**1** Ins Kino.　**2** Ins Konzert.　**3** Ins Theater.

04

第 3 部　Dritter Teil

1. 第 3 部は，問題 (**9**) から (**11**) まであります。
2. まずドイツ語の短い会話を続けて 2 回放送します。それを聞いて，その会話の状況として最も適したものを，下の **1** ～ **3** から選び，その番号を解答用紙の所定の欄に記入してください。
3. 以下，同じ要領で問題 (**11**) まで順次進みます。
4. 最後に，問題 (**9**) から (**11**) までをもう一度通して放送します。そのあと，およそ 1 分後に試験終了のアナウンスがあります。試験監督者が解答用紙を集め終わるまで席を離れないでください。
5. メモは自由にとってかまいません。

1　携帯電話を買うことについて話している。

2　休暇中の予定について話している。

3　飼っている鳥について話している。

(**9**)

(**10**)

(**11**)

5級　2022年度 夏期 ドイツ語技能検定試験

聞き取り試験 解答用紙

受験番号	氏　　名

手書き数字見本

曲げない　すきまを開ける　上につき出す　角をつける　閉じる

0 1 2 3 4 5 6 7 8 9

横線つけない　角をつける　閉じる

【第 1 部】

(1)		(2)		(3)	

(4) Ein Stück Kuchen kostet ☐ Euro.

(5) Franziska ______________ eine Tasche.

採点欄

【第 2 部】

(6)		(7)		(8)	

【第 3 部】

(9)		(10)		(11)	

夏期 «5級» ヒントと正解

【筆記試験】

1 動詞の現在人称変化

正解 (**a**) **3** (**b**) **3** (**c**) **3** (**d**) **2**

動詞の現在人称変化に関する問題です。動詞は原則として「語幹」部分と「語尾」部分からできています。語尾は主語の「人称」と「数」，そして「時制」によって決まります。問題では，主語に一致する動詞の現在人称変化形を選ぶことが求められています。動詞には，規則的に変化するものだけでなく，不規則に変化するものもあるので，一つ一つ確実に覚えていきましょう。問題文は「私のボーイフレンドはフランスの出身です。彼は今ここハンブルクで働いています。彼は上手にドイツ語を話します。私たちは夏に一緒にパリへ旅行します」という意味です。

(**a**) kommen（来る）の現在人称変化形を問う問題です。kommen は規則変化動詞であり，問題文の主語 mein Freund（私のボーイフレンド）は 3 人称単数であることから，語尾は -t という形を取り，kommt となります。したがって，正解は選択肢 **3** です。［正解率 91.75%］

(**b**) arbeiten（働く）の現在人称変化形を問う問題です。arbeiten や finden（見つける，～を…と思う）など，語幹が t や d で終わる動詞は，主語が親称 2 人称単数 du，3 人称単数 er / sie / es，親称 2 人称複数 ihr のとき，口調を整えるために母音 e をはさみこんでから語尾を付けます。arbeiten は，du arbeitest，er / sie / es arbeitet，ihr arbeitet と現在人称変化します。問題文の主語 er は，前の文に出てきた mein Freund（私のボーイフレンド）を指す 3 人称単数の人称代名詞であることから，人称変化形は arbeitet となります。したがって，正解は選択肢 **3** です。［正解率 93.02%］

(**c**) sprechen（話す）の現在人称変化形を問う問題です。sprechen は不規則変化動詞であり，主語が親称 2 人称単数 du，3 人称単数 er / sie / es のとき，語幹の母音が e → i と変化し，du sprichst / er spricht と現在人称変化します。問題

文の主語は前の文と同じく er ですから，正解は選択肢 **3** です。［正解率 79.70%］

（**d**） reisen（旅行する）の現在人称変化形を問う問題です。reisen は規則変化動詞であり，問題文の主語 wir（私たち）は 1 人称複数ですから，語尾は -en という形を取り，reisen となります。したがって，正解は選択肢 **2** です。［正解率 96.83%］

◇この問題は 12 点満点（配点 3 点×4）で，平均点は 10.84 点でした。

1 ここがポイント！

＊規則的に変化する動詞の人称語尾を確実に身につけよう！
＊語幹の母音が不規則に変化する不規則動詞に気をつけよう！

2 冠詞・代名詞・疑問詞

正 解　（**1**）　**4**　（**2**）　**4**　（**3**）　**1**

適切な疑問詞，代名詞，冠詞を選ぶ問題です。それぞれ短い文章ですが，疑問詞は答えとなる文に対応するように，代名詞は疑問文における代名詞を手がかりに選択します。また，冠詞はそれに結びつく名詞の性・数・格を一致させて空欄に補う必要があります。なお，いずれの問題文も空欄が文頭にあたることから，選択肢はすべて語頭が大文字で表記されています。

（**1**） 疑問詞に関する問題です。選択肢 **1** の wann は「いつ」，選択肢 **2** の was は「何が，何を」，選択肢 **3** の wo は「どこで」，選択肢 **4** の woher は「どこから」という意味です。前半部（質問）の答えにあたる後半部は「私はベルリンから来ました」という意味です。このことから，前半部は出身を問う疑問文であると推測できます。さらに前半部は，動詞 kommen（来る）が使用されていることから，「あなたはどこから来ましたか？」という意味であることが予想できます。したがって，正解は選択肢 **4** です。問題全体は「あなたはどこから来ましたか？ ― 私はベルリンから来ました」という意味です。［正解率 84.36%］

（**2**） 人称代名詞に関する問題です。前半部（質問）は「きみたちは週末何をするの？」という意味です。前半部では主語に ihr（きみたち）が用いられ，また，その答えにあたる後半部の文において動詞 gehen（行く）の語尾が -en で終わっていることから，空欄には 1 人称複数の代名詞が入ることが推測できます。したがって，正解は選択肢 **4** です。問題全体は「きみたちは週末何をするの？ —私たちは映画を観に行くよ」という意味です。[正解率 85.62%]

(**3**) 定冠詞に関する問題です。前半部は「彼は 1 冊の本を買う」という意味です。前半部では，主語が 3 人称単数 er であり，また，動詞 kauft が「買う」という意味であることから，ein Buch (1 冊の本) が 4 格目的語であることがわかります。さらに Buch は，4 格で不定冠詞が ein という形であることから，中性名詞であると判断できます。後半部は「(　) 本は高価だ」という意味です。後半部では，動詞の定形に 3 人称単数形 ist が用いられていることから，Buch が単数 1 格であることがわかります。したがって，正解は選択肢 **1** です。なお，選択肢 **3** を選んだ解答が 14.80% ありましたが，der は男性単数 1 格，女性単数 2 格ならびに 3 格，複数 2 格の定冠詞として用いられるので，ここでは適切ではありません。[正解率 79.07%]

◇この問題は 9 点満点 (配点 3 点×3) で，平均点は 7.47 点でした。

2 ここがポイント！

＊主要な疑問詞の意味を覚え，正しく使い分けられるようにしよう！
＊受け答えの文の人称代名詞を正しく使用できるように，質問文の人称代名詞に注意しよう！
＊定冠詞を，その名詞の性・数・格に応じて正しく変化できるようにしよう！

3 語彙 (異なる意味グループに属する語の選択)

正 解　(**A**) **4**　(**B**) **4**　(**C**) **1**

四つの語の中から，意味のグループが他と異なるものを選ぶ問題です。語彙力が試されます。

(**A**) 選択肢 **1** は「女性」，選択肢 **2** は「子ども」，選択肢 **3** は「男性」，選択肢 **4** は「砂糖」という意味です。この中では，人を表す名詞ではない選択肢 **4** が正解です。[正解率 93.66%]

(**B**) 選択肢 **1** は「山」，選択肢 **2** は「海」，選択肢 **3** は「湖，海」，選択肢 **4** は「週」という意味です。この中では，地形を表す名詞ではない選択肢 **4** が正解です。なお，男性名詞の See は「湖」，女性名詞の See は「海」という意味です。

［正解率 64.27%］

(**C**) 選択肢 **1** は「花」，選択肢 **2** は「ズボン」，選択肢 **3** は「上着」，選択肢 **4** は「スカート」という意味です。この中では，衣服でない選択肢 **1** が正解です。Bluse（ブラウス），Pullover（セーター），Mantel（コート）なども衣服の語彙として覚えておきましょう。［正解率 58.35%］

◇この問題は 9 点満点（配点 3 点×3）で，平均点は 6.49 点でした。

3 ここがポイント！

＊単語は，人，食べ物，衣服といったグループごとに覚えると効率的！
＊身近な単語から順に覚えよう！

4 発音とアクセント

正解 (**1**) **4** (**2**) **2** (**3**) **4** (**4**) **4**

発音，アクセントの位置，文中で強調して発音される語に関する問題です。発音の基本的な規則についての知識や，簡単な会話内容を把握する力が必要とされます。

(**1**) 子音字 b の発音に関する問題です。語末や音節末に位置する b は，無声音の［p］で発音され，その他の位置にある b は有声音の［b］で発音されます。選択肢 **1** の Abend（晩）と選択肢 **2** の Arbeit（仕事）では b が語中に，選択肢 **3** の Berlin（ベルリン）では語頭に位置しているため，b は有声音の［b］で発音されます。選択肢 **4** の Herbst（秋）では，b が語中に位置しているものの無声音の［p］で発音されます。子音字の s や t の前に位置する b，d，g も無声音で発音します。一例を挙げれば，ihr（きみたち）が主語であるとき，動詞 haben（～を持っている）を現在人称変化させると habt となりますが，この b も無声音の［p］で発音されます。したがって，正解は選択肢 **4** です。［正解率 75.69%］

(**2**) アクセントの位置に関する問題です。ドイツ語では原則として，語の最初の音節の母音にアクセントが置かれます。ただし，多くの外国語由来の語や語頭が非分離前つづり（be-, ge-, ver- など）である場合は，最初の音節にアクセントを置きません。選択肢 **1** の Ferien（長期休暇）は第 1 音節の e，選択肢 **2** の Geschenk（プレゼント）は第 2 音節の e，選択肢 **3** の Lehrer（教師）は第 1 音節の

e，選択肢 **4** の Wetter（天気）は第 1 音節の e にアクセントが置かれます。したがって，正解は選択肢 **2** です。Geschenk は語頭が非分離前つづりであるため，下線部の第 1 音節の母音にアクセントが置かれません。23.47% の解答が選択肢 **1** を選んでいました。Ferien はラテン語に由来する語です。外来語の場合は個々の語の発音を正確に覚える必要があります。［正解率 68.50%］

（**3**）母音の長短に関する問題です。ドイツ語では原則として，アクセントのある母音に続く子音字が一つの場合，その母音は長く発音されます。二つ以上の子音字が続くときは短く発音されます。選択肢の語はいずれも，下線部の母音にアクセントが置かれます。選択肢 **1** の Glas（グラス）と選択肢 **2** の Nase（鼻）では，アクセントのある母音 a に続く子音字が一つであり，原則にしたがって下線部の a は長く発音されます。選択肢 **3** の Straße（通り）もアクセントのある母音 a に続く子音字が一つであり，a は長く発音されます。また，ß の前の母音は長く発音されるという規則も正解に導く判断基準です。選択肢 **4** の Wasser（水）は，アクセントのある母音 a に続く子音字が二つであるため，原則のとおりに下線部 a を短く発音します。加えて，ss の前の母音は短く読むという規則も ß に関する規則とともに確認しましょう。したがって，正解は選択肢 **4** です。［正解率 87.95%］

（**4**）文の中で最も強調して発音される語を問う問題です。基本的に，文中で最も重要な情報を提供する語が強調して発音されます。**A** が「オリヴァー，きみの趣味は何？」と尋ねています。それに対して **B** は「ぼくはピアノを弾くのが好きだよ」と答えています。**B** の回答の中で最も重要な情報は楽器名を具体的に述べている箇所であり，選択肢 **4** の Klavier（ピアノ）が最も強調して発音されます。したがって，正解は選択肢 **4** です。［正解率 92.39%］

◇この問題は 12 点満点（配点 3 点×4）で，平均点は 9.74 点でした。

4 ここがポイント！

＊子音字 b，d，g は，語末や音節末にある場合は，原則として無声音［p］，［t］，［k］で発音され，それ以外の位置にある場合は有声音［b］，［d］，［g］で発音されることに気をつけよう！
＊アクセントは語の最初の音節に置かれるのが原則であるが，外国語に由来する語や，語頭が非分離前つづりである語などは最初の音節にアクセントが置かれない。原則とともに，頻出の例外も覚えよう！
＊アクセントが置かれる母音の長短は，後に続く子音字が一つであるか，二

つ以上であるかで見極めよう！
＊会話文では質問の内容に注意し，答える際には伝えたい情報を強調して読むように心がけよう！

5 会話の場面理解

正解 （**A**） **3** （**B**） **4** （**C**） **1**

短い会話を読み，適切な場所や場面を選ぶ問題です。さまざまな表現を手がかりとした上で，会話の状況を総合的に判断する力が求められます。

（**A**） 会話の内容は次の通りです。

A: すみません，市役所はどこですか？
B: ここをまっすぐ行って，それから右に曲がってください。
A: どうもありがとうございます。

最初の文の Entschuldigung は，「すみません」と街中で誰かを呼び止めるときに使われます。その後「市役所はどこですか？」と場所を尋ねています。**B** の応答も，市役所までの行き方について答えていますので，道案内に関わる会話であることがわかります。したがって，正解は選択肢 **3** です。［正解率 98.52%］

（**B**） 会話の内容は次の通りです。

A: 何にいたしますか？
B: 私はリンゴケーキとお茶にします。
A: 少々お待ちください。

A が Was möchten Sie? (何にいたしますか？) と尋ねているところに，**B** が Ich nehme einen Apfelkuchen und eine Tasse Tee. (私はリンゴケーキとお茶にします) と答えています。このことから，この会話が喫茶店で交わされているものだということがわかります。したがって，正解は選択肢 **4** です。［正解率 99.15%］

（**C**） 会話の内容は次の通りです。

A: はがきを 2 枚日本へ送りたいのですが。
B: 1.90 ユーロになります。
A: これでお願いします。

Postkarten（はがき）という単語が使われていること，そして「日本へ送りたい」という表現があるので，会話が郵便局で交わされているものであることがわかります。したがって，正解は選択肢 **1** です。選択肢 **2** の「銀行」を選択した解答が 3.38% ありました。会話の中で，お金のやり取りはたしかに行われているのですが，Postkarten などの郵便物に関する単語があるため，解答としては不適切です。［正解率 96.41%］

◇この問題は 9 点満点（配点 3 点×3）で，平均点は 8.82 点でした。

5 ここがポイント！

＊鍵となる語彙やキーフレーズを手がかりに，会話の場面や場所を推測して読もう！
＊喫茶店や郵便局の場面などでよく使われる表現はマスターしておこう！
＊街中の建物や，特定の場面で使われる単語などは日頃からチェックしておこう！

6 初歩の会話表現

正解 **(A) 1　(B) 1　(C) 1　(D) 2**

短い会話文を読み，日本語で記されている内容に対応するドイツ語表現を選ぶ問題です。基本的な会話表現や語を覚えておく必要があります。

内容：
フランツ：(**A** 今日は暑いね。) もう 33 度だよ！
ヘレーネ：(**B** 私のどが渇いたわ。) 何か飲みましょう？
フランツ：いい考えだね。あそこにカフェがあるよ。行こうか？
ヘレーネ：(**C** ええ，よろこんで！) そのカフェのことを私まだ知らなかったわ。新しいの？
フランツ：そうなんだよ。すごく新しいんだ。
ヘレーネ：ああ，そうなの。そのカフェっていいの？
フランツ：そこのコーヒーはとてもおいしいみたいだよ。(**D** ぼくの姉もそう言っているよ。)

(A) 三つの選択肢は，Heute ist es ...（今日は…）の部分が共通しており，文末の形容詞のみが異なっています。選択肢 **1** の形容詞 heiß は「暑い」，選択肢 **2** の形容詞 kalt は「寒い」，選択肢 **3** の形容詞 schön は「美しい，天気などがよい」という意味です。したがって，正解は選択肢 **1** です。[正解率 76.53%]

(**B**) ドイツ語では「空腹である」や「のどが渇いている」は，動詞 haben を用いて Hunger haben (空腹を持っている) や Durst haben (のどの渇きを持っている) と表現します。この問題では，いずれの選択肢も Ich habe ... (私は…を持っている) の部分が共通しており，文末の名詞のみが異なっています。選択肢 **1** の名詞 Durst は「のどの渇き」，選択肢 **2** の名詞 Hunger は「空腹」，選択肢 **3** の名詞 Zeit は「時間」という意味です。したがって，正解は選択肢 **1** です。[正解率 95.77%]

(**C**) フランツがヘレーネにカフェに行こうと提案します。それに対してヘレーネが，「ええ，よろこんで！」と返答します。三つの選択肢は Ja の部分が共通しており，後半の語で正解が決定されます。選択肢 **1** の副詞 gern は「よろこんで」，選択肢 **2** の副詞 immer は「いつも」，選択肢 **3** の形容詞 richtig は「正しい」を意味します。したがって，正解は選択肢 **1** です。[正解率 84.14%]

(**D**) 三つの選択肢は Das sagt auch meine ... (ぼくの…もそう言っているよ) の部分が共通しており，meine に続く名詞で正解が決定されます。選択肢 **1** の Mutter は「母」，選択肢 **2** の Schwester は「姉・妹」，選択肢 **3** の Tante は「おば」を意味します。したがって，正解は選択肢 **2** です。三つの選択肢に含まれている Das は指示代名詞であり，単語のみならず前出の文の内容を指すことができます。[正解率 98.52%]

◇この問題は 12 点満点 (配点 3 点×4) で，平均点は 10.65 点でした。

6 ここがポイント！

＊日常でよく使用される基本的な語彙を覚えよう！
＊ Ja, gern! (ええ，よろこんで！) のような日常会話で頻繁に使われる表現を身につけよう！

7 短いテキストの内容把握

正解 **2**，**4** (順序は問いません)

短いテキストを読み，要点を理解できるかどうかを問う問題です。テキスト中の語句を手がかりに正確な内容を把握する力が求められます。

内容：
私はマリーといいます。私は猫を 1 匹飼っています。猫はミミという名前で 20 歳です。ミミはソファーの上で寝るのが好きです。よくエリアスのそばでも寝ます。エリアスは私の兄（または弟）です。彼はミミのことが大好きです。私たちはよくミミと遊びます。

選択肢 **1** は，第 2 文の「私は猫を 1 匹飼っています」という内容と異なるので不正解です。選択肢 **2** は，第 4 文の「ミミはソファーの上で寝るのが好きです」という内容と合致しますので正解です。［正解率 94.29%］選択肢 **3** は，第 5 文の「よくエリアスのそばでも寝ます」という内容と異なるので不正解です。選択肢 **4** は，第 8 文で「私たちはよくミミと遊びます」と述べられていますので正解です。この「私たち」はマリーとエリアスを指しています。［正解率 95.98%］したがって，この問題の正解は選択肢 **2** と選択肢 **4** です。なお，選択肢 **1** を選んだ解答が 6.77%，選択肢 **3** を選んだ解答が 2.96% ありました。

◇この問題は 6 点満点（配点 3 点×2）で，平均点は 5.71 点でした。

7 ここがポイント！

＊テキスト全体から，重要な情報を正確に読み取ろう！
＊ペットを含む家族や，家具などの身近な単語はよく出題されるので，重要語彙として覚えておこう！

8 重要情報の読み取り

正解　**3**，**6**，**7**（順序は問いません）

ドイツ語の文字情報を手がかりにして要点を把握する問題です。広告や掲示，パンフレット，手帳，メモなどの場合，情報は文形式で提示されるとは限らず，キーワードだけで簡潔に表されることが多くあります。そうした場合にも，与えられた情報を手がかりにしながら，的確に内容を把握する力が求められます。問題では，ある学生食堂に掲示された献立表が題材として取り上げられています。

内容：

献立予定表（2022 年 6 月 6 日～ 10 日）

昼食

定食 A

肉（牛肉），ポテトサラダ，トマトスープ ……4.20 ユーロ

定食 B

魚（鮭），ライス，野菜スープ ……4.10 ユーロ

定食 C（ベジタリアン）

サラダ（大），パン，麺入りスープ ……3.90 ユーロ

夕食

シュニッツェル　フライドポテト付き ……3.90 ユーロ

営業時間

昼：月曜～金曜　11 時 15 分～ 14 時

夜：月曜～金曜　18 時～ 20 時

学生食堂　ベヒライン

フリードリヒ通り 17

電話 07071/245899

選択肢 **1** から選択肢 **8** まで順に確認していきます。問題文では献立表の上部に「2022 年 6 月 6 日～ 10 日」と大きく表記されており，この期間に学生食堂で提供される献立の予定を記したものであることがわかります。したがって，選択肢 **1** は不正解です。6 月（Juni）と 7 月（Juli）はつづりがよく似ていますので，取り違えないよう，しっかりと区別する必要があります。この予定表には，昼食に関しては定食 A，B，C の 3 種類，夕食に関しては 1 種類，合わせて 4 種類の献立が掲載されています。昼に提供される定食は 3 種類のみなので，選択肢 **2** は不正解です。A 定食は，「肉（牛肉），ポテトサラダ，トマトスープ」が提供されると記されています。したがって，選択肢 **3** は正解です。［正解率 86.26%］B 定食の内訳は，「魚（鮭），ライス，野菜スープ」とあり，パンは記されていません。し

たがって，選択肢 **4** は不正解です。C 定食は，ベジタリアン (菜食主義者) 向けの献立です。内訳を見ると，「サラダ (大)，パン，麺入りスープ」とあり，魚料理は記されていません。したがって，選択肢 **5** は不正解です。昼に提供される定食 A，B，C には，いずれもスープが付いています。したがって，選択肢 **6** は正解です。[正解率 95.98%] この掲示には，昼食 (Mittagessen) と夕食 (Abendessen) の記載があり，昼 (Mittag) と夜 (Abend) の営業時間 (Öffnungszeiten) もそれぞれ明記されています。したがって，選択肢 **7** は正解です。[正解率 98.52%] 営業時間の欄を見ると，昼と夜ともに月曜 (Montag) から金曜 (Freitag) までの営業とされており，土曜 (Samstag) は営業していないことがわかります。したがって，選択肢 **8** は不正解です。

なお，この掲示で用いられている Menü という名詞は日本語の「定食」にあたります。日本語で用いられる「メニュー，お品書き」を意味する語は，ドイツ語では Speisekarte といいます。レストランなどで「メニュー (お品書き) をください」と頼むときに，間違えないように注意しましょう。

◇この問題は 9 点満点 (配点 3 点×3) で，平均点は 8.42 点でした。

8 ここがポイント！

* ドイツ語での月や曜日の名前，基本的な食べ物の名前を覚えよう！
* ドイツ語では，Mittag (昼) + Essen (食事) = Mittagessen (昼食) などのように，複数の語が合わさって作られる複合語が多く用いられる。一度分解し，それぞれの語の意味も確認するようにしよう！
* 掲示，広告，パンフレットなどの場合，知らない単語が含まれていることも多いが，知っている語句や表記を手がかりにして要点を抜き出していこう！

【聞き取り試験】

第1部 短い文章の聞き取りと数字の書き取り

正解 (1) 1 (2) 3 (3) 1 (4) 3 (5) **kauft**

放送された短いテキストを聞き取り，その内容を表すのに最も適した絵を選ぶ問題，および，放送されたテキストに含まれる数や単語を書き取る問題です。問題 (**1**) から (**3**) ではキーワードを，問題 (**4**) では数を，(**5**) では動詞や名詞を聞き取ることが求められます。

放送 問題**1**: Meine Tante heißt Klara. Sie ist Journalistin.

内容: 私のおばはクラーラという名前です。彼女はジャーナリストです。

人物の職業を聞き取る問題です。最初の文では，おばの名前が紹介されます。それに続いて，彼女の職業が告げられます。したがって，正解はジャーナリストが描かれている選択肢**1**です。選択肢**2**の「教師」は Lehrerin，選択肢**3**の「ウェイトレス」は Kellnerin，選択肢**4**の「ピアニスト」は Pianistin と言います。選択肢**4**を選択した解答が 3.38% ありましたが，音声テキストの内容に合わないので，不正解です。[正解率 94.50%]

放送 問題**2**: Heute Abend gehen meine Eltern ins Theater.

内容: 今晩，私の両親は劇場に行きます。

今晩，両親が出かける行き先を選ぶ問題です。正解は，劇場が描かれている選択肢**3**です。選択肢**1**の「郵便局」は Post，選択肢**2**の「レストラン」は Restaurant，選択肢**4**の「博物館」は Museum と言います。選択肢**4**を選択した解答が 8.25% ありました。もし選択肢**4**が正解なら，ins Museum と読み上げられるはずです。[正解率 90.70%]

放送 問題**3**: Zum Geburtstag schenke ich Nina ein Buch.

内容: 私はニーナの誕生日に本をプレゼントします。

この問題では，誕生日のプレゼントに贈る品物を聞き分けることが求められます。イラストには，本 (Buch)，CD (CD)，指輪 (Ring)，ケーキ (Kuchen) が描かれています。正解は，本が描かれている選択肢**1**です。なお，選択肢**4**を選択した解答が 1.06% ありました。Geburtstag（誕生日）という語からケーキが連想されるかもしれませんが，音声を正しく聞けば，ケーキは不正解であることがわかります。［正解率 98.10%］

放送　問題 **4**:　Ein Stück Kuchen kostet drei Euro.

内容:　ケーキは一切れ 3 ユーロです。

数を書き取る問題です。「解答の手引き」には Ein Stück Kuchen kostet □ Euro. と記載されています。空欄には 1 桁の数字を記入する必要があります。放送されたテキストでは drei (3) と言っているので，正解は **3** です。［正解率 78.44%］

放送　問題 **5**:　Franziska kauft eine Tasche.

内容:　フランツィスカはバッグを一つ買います。

動詞を書き取る問題です。正解は kaufen（買う）の変化形 **kauft** です。「解答の手引き」には Franziska ______ eine Tasche. と記載されています。主語が Franziska であることから，動詞は 3 人称単数形になると予想されます。kaufen は規則変化なので，3 人称単数が主語の場合は，語尾が -t になり，kauft という形なります。誤答として多かったものは，kaufe，kouft などでした。3 人称単数の変化形なので，ウムラウトを付けてしまう käuft などの解答もありました。［正解率 78.54%］

◇この問題は 17 点満点（問題 **1** から問題 **3** まで配点 3 点×3，問題 **4** と問題 **5** の配点 4 点×2）で，平均点は 14.78 点でした。

第1部 ここがポイント！

＊キーワードや数を正確に聞き取ろう！
＊聞き取りの手助けになるため，絵や文字の視覚情報を積極的に活用しよう！
＊動詞の人称変化は，確実にマスターしておこう！

第2部 テキストの重要情報の聞き取り

正解　**(6)　2　　(7)　1　　(8)　2**

放送されるドイツ語のテキストを聞き，その内容に関する質問に答える問題です。質問もドイツ語で放送されます。

放送

Sabine Schmidt ist Lehrerin und 30 (dreißig) Jahre alt. Sie kommt aus Dresden, aber jetzt wohnt sie in Berlin. Ihr Hobby ist Musik hören. Heute Abend geht sie ins Konzert.

内容:

ザビーネ・シュミットは教師で 30 歳です。彼女はドレスデン出身ですが，今はベルリンに住んでいます。彼女の趣味は音楽を聴くことです。今晩，彼女はコンサートへ行きます。

放送 問題 **6**: Was ist Sabine von Beruf?

質問は「ザビーネの職業は何ですか？」という意味です。テキストの冒頭で，「ザビーネ・シュミットは教師で 30 歳です」と述べられています。したがって，正解は選択肢 **2** の Lehrerin です。なお，選択肢 **1** の Ärztin は「医者」，選択肢 **3** の Studentin は「学生」という意味です。ドイツ語では，職業名など人に関する名詞は，男女の形を使い分けます。ザビーネは女性ですので，選択肢の職業名はいずれも女性の形が使われています。［正解率 96.41%］

放送 問題 **7**: Wo wohnt Sabine jetzt?

質問は「ザビーネは今どこに住んでいますか？」という意味です。テキストでは，「彼女はドレスデン出身ですが，今はベルリンに住んでいます」と述べられています。したがって，正解は選択肢 **1** の In Berlin. です。なお，選択肢 **2** の In Bremen. は「ブレーメンに」，選択肢 **3** の In Dresden. は「ドレスデンに」という意味です。［正解率 92.18%］

放送 問題 **8**: Wohin geht Sabine heute Abend?

質問は「ザビーネは今晩どこへ行きますか？」という意味です。テキストでは「今晩，彼女はコンサートへ行きます」と述べられています。したがって，正解は選択肢 **2** の Ins Konzert. です。なお，選択肢 **1** の Ins Kino. は「映画館へ」，選択肢 **3** の Ins Theater. は「劇場へ」という意味です。［正解率 99.79%］

◇この問題は 9 点満点（配点 3 点×3）で，平均点は 8.65 点でした。

第2部 ここがポイント！

＊放送前に「解答の手引き」に書かれた選択肢に目を通し，何が問われるのかを予想して聞くようにしよう！

＊ was（何が，何を），woher（どこから），wohin（どこへ）などの疑問詞を

しっかりと覚えよう！

第3部 会話の場面理解

正 解 **(9) 3** **(10) 1** **(11) 2**

放送された三つの短い会話を聞き，それぞれの会話の状況を把握する問題です。聞き取りの際には，キーワードを的確に理解し，全体としてどのようなことが述べられているのかを掴むことが重要です。

放 送 問題 **9**

A: Mein Vogel sagt: „Guten Morgen."

B: Wirklich? Ich möchte ihn mal sehen.

A: Gerne.

内容:

A: ぼくの飼っている鳥は「おはよう」と言うんだ。

B: 本当に？ 一度その鳥を見てみたいわ。

A: もちろんいいよ。

男性 (**A**) が女性 (**B**) に「ぼくの飼っている鳥は『おはよう』と言うんだ」と言っています。その後，女性 (**B**) が男性 (**A**) に「本当に？ 一度その鳥を見てみたいわ」と言い，さらに男性 (**A**) が「もちろんいいよ」と答えていることから，飼っている鳥について話題にされていることがわかります。したがって，正解は選択肢 **3** です。[正解率 88.79%]

放 送 問題 **10**

A: Ich möchte ein Handy kaufen.

B: Warum?

A: Mein Handy ist zu alt.

内容:

A: 私は携帯電話を一つ購入したいの。

B: なんで？

A: 私の携帯電話は古すぎるのよ。

女性 (**A**) が男性 (**B**) に「私は携帯電話を一つ購入したいの」と言っています。その後，男性 (**B**) が女性 (**A**) に「なんで？」と尋ね，女性 (**A**) が「私の携帯電話は古すぎるのよ」と答えていることから，携帯電話を買うことついて話題にされていることがわかります。したがって，正解は選択肢**1**です。［正解率 92.81%］

放 送　問題 **11**

A: Ich fahre in den Ferien nach Berlin.

B: Wie lange möchtest du dort bleiben?

A: Zwei Wochen.

内容：

A: ぼくは休暇中にベルリンへ行くんだ。

B: きみはどのくらいの間そこに滞在したいの？

A: 2 週間だよ。

男性（**A**）が女性（**B**）に「ぼくは休暇中にベルリンへ行くんだ」と言っています。その後，女性（**B**）が男性（**A**）に「きみはどのくらいの間そこに滞在したいの？」と尋ね，男性（**A**）が「2 週間だよ」と答えていることから，休暇中の予定ついて話題にされていることがわかります。したがって，正解は選択肢**2**です。［正解率 92.81%］

◇この問題は 9 点満点（配点 3 点×3）で，平均点は 8.23 点でした。

第3部 ここがポイント！

＊会話の中の重要なキーワードを聞き取ろう！

＊疑問文の文頭に来る疑問詞が一語なのか熟語なのか注意しよう！

＊聞き取れる語句からテーマを推測できるように，毎日ドイツ語を聞こう！

2022 年度 冬期 ドイツ語技能検定試験

5 級

筆記試験　問題

（試験時間　40 分）

> **出題は新しい正書法（単語のつづり方などに関する規則）に従います。解答は新旧いずれの方式でも認めます。**

——注　意——

■受験票と机の上の受験番号が同じであることを確認してください。

■携帯電話，スマートフォン，スマートウォッチ等の電子機器類は電源を切り，カバン等にしまってください。机の上に置いてはいけません。

■中途退場は認めません。退場は試験放棄となります。

①問題冊子は試験開始の合図があるまで，開いてはいけません。

②問題冊子は表紙・裏表紙を含めて 8 ページあります。
余白は下書き・メモ用に使ってかまいません。

③試験監督者の指示に従って，解答用紙の所定の欄に，受験番号・氏名を記入してください。

④解答は黒の HB の鉛筆で強めに記入してください。
書き直す場合には，消しゴムできれいに消してから記入してください。

⑤**解答はすべて解答用紙の指定された箇所に記入してください。**

⑥記入する数字は，下記の見本に従って書いてください。

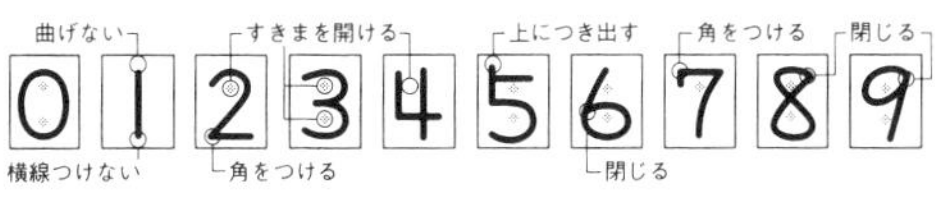

■試験が終わっても，指示があるまで席を立たないでください。

■解答用紙は持ち帰ってはいけません。

1 次の文で空欄（ **a** ）～（ **d** ）の中に入れるのに最も適切な動詞の形を，下の **1** ～ **3** から選び，その番号を解答欄に記入しなさい。

Meine Mutter（ **a** ）Sportlehrerin. Sie（ **b** ）gern Sport. Ich（ **c** ）gern. Wir（ **d** ）im Sommer oft zum See.

(a)	**1** bin	**2** ist	**3** sind
(b)	**1** mache	**2** machen	**3** macht
(c)	**1** schwimme	**2** schwimmst	**3** schwimmt
(d)	**1** fahre	**2** fahren	**3** fahrt

2 次の **(1)** ～ **(3)** の文で（　　）の中に入れるのに最も適切なものを，下の **1** ～ **4** から選び，その番号を解答欄に記入しなさい。

(1) Ich habe zwei Brüder. (　　) sind Schüler.
1 Du　**2** Er　**3** Ihr　**4** Sie

(2) Das ist meine Freundin Julia. (　　) Bruder ist Arzt.
1 Dein　**2** Euer　**3** Ihr　**4** Sein

(3) (　　) machen Sie gern? – Ich sehe gern Filme.
1 Wann　**2** Was　**3** Wie　**4** Wo

3

次の (**A**) ～ (**C**) に挙げられた単語のうち，意味のグループが他と異なるものを，例にならって，下の **1** ～ **4** から一つだけ選び，その番号を解答欄に記入しなさい。ただし，名詞の性の区別は関係ありません。

例） **1** Brot　**2** Buch　**3** Ei　**4** Eis
2 の Buch（本）だけ食べ物ではないので他と異なります。

(**A**) **1** Baum　**2** Pfeffer　**3** Salz　**4** Zucker
(**B**) **1** immer　**2** klein　**3** manchmal　**4** oft
(**C**) **1** Hose　**2** Hunger　**3** Mantel　**4** Rock

4

次の (**1**) ～ (**4**) の条件にあてはまるものが各組に一つあります。それを下の **1** ～ **4** から選び，その番号を解答欄に記入しなさい。

(**1**) 下線部の発音が他と異なる。
1 Ku<u>ch</u>en　**2** Mil<u>ch</u>　**3** Na<u>ch</u>t　**4** To<u>ch</u>ter

(**2**) 下線部にアクセント（強勢）がない。
1 B<u>a</u>nane　**2** F<u>a</u>hrrad　**3** G<u>a</u>rten　**4** T<u>a</u>sse

(**3**) 下線部が長く発音される。
1 Br<u>i</u>lle　**2** K<u>i</u>rche　**3** Mus<u>i</u>k　**4** W<u>i</u>nter

(**4**) 問い **A** に対する答え **B** の下線の語のうち，通常最も強調して発音される。
A: Wie findest du den Film?
B: <u>Ich</u> <u>finde</u> <u>ihn</u> <u>interessant</u>.

1 Ich　**2** finde　**3** ihn　**4** interessant

5

(A) ～ **(C)** の会話の場面や話題として最も適切なものを，下の **1** ～ **4** から選び，その番号を解答欄に記入しなさい。

(A) **A**: Entschuldigung, wo finde ich Wörterbücher?
B: Wörterbücher? Da hinten im Regal, Nummer A-8.
A: Danke.

(B) **A**: Wie ist das Wetter heute?
B: Gut, aber es schneit am Nachmittag.
A: Oh, dann machen wir einen Schneemann.

(C) **A**: Einen Schokoladenkuchen und einen Kaffee, bitte.
B: Ja gerne, kommt sofort.
A: Danke.

1 図書館　　**2** カフェ
3 天気　　**4** 銀行

6 次の文章は，Uwe と友人 Susanne の会話です。この会話を完成させるために，日本語になっている箇所 **A** ～ **D** にあてはまる最も適切なドイツ語を，下の **1** ～ **3** から選び，その番号を解答欄に記入しなさい。

Uwe: Ist das deine Familie auf dem Foto?
Susanne: Ja. Das ist mein Vater, das ist meine Mutter. (**A** そして，これが私の祖父母です。)
Uwe: (**B** 彼らは何歳なの？)
Susanne: Mein Opa ist 69 und meine Oma ist 65.
Uwe: Und wo wohnen sie?
Susanne: In Heidelberg. Am Samstag ist Opas Geburtstag. Wir machen eine Party. (**C** 私たち，祖父のためにケーキを焼きます。)
Uwe: (**D** 楽しんできてね！)

A **1** Und das sind meine Eltern.
2 Und das sind meine Freunde.
3 Und das sind meine Großeltern.

B **1** Wie alt ist sie?
2 Wie alt sind sie?
3 Wie alt sind Sie?

C **1** Wir backen einen Kuchen für ihn.
2 Wir essen einen Kuchen für ihn.
3 Wir kaufen einen Kuchen für ihn.

D **1** Vielen Dank!
2 Viel Glück!
3 Viel Spaß!

7 下の文章の内容に合うものを，下の **1** ～ **4** から二つ選び，その番号を解答欄に記入しなさい。ただし，番号の順序は問いません。

Hallo, mein Name ist Anna. Ich habe eine Wohnung im Zentrum in Leipzig. Sie ist nicht groß, aber neu. Der Supermarkt ist sehr nah und ich gehe dort oft einkaufen. Leider habe ich keinen Garten, aber ich liebe meine Wohnung.

1 アンナはライプツィヒの中心部に住んでいる。

2 アンナの住まいは広くて新しい。

3 アンナは遠くのスーパーマーケットまで買い物に行く。

4 アンナは庭がないのを残念に思っている。

8 以下は，ある美術館の案内ページです。内容と一致するものを **1** ～ **8** から三つ選び，その番号を解答欄に記入しなさい。ただし，番号の順序は問いません。

MUSEUM im Winter

„IMPRESSIONISMUS“ — Bilder und die Kultur in München

Vom 25. November 2022 bis 29. Januar 2023

INFORMATIONEN

Montag: geschlossen
Dienstag und Mittwoch: 10-17 Uhr
Donnerstag: 10-20 Uhr
Freitag bis Sonntag: 10-18 Uhr
Weihnachtstage, Neujahr: geschlossen

Programm für Familien mit Kindern:
Jeden Samstag 14-16 Uhr

★ Das Café im Museum ist von Dienstag bis Sonntag von 12 bis 17 Uhr geöffnet.

PREISE

Tageskarte: **10 Euro**
Kinder bis 5 Jahre: **kostenlos**
Schüler/Schülerinnen: **4 Euro**
Studenten/Studentinnen: **4 Euro**
Senioren/Seniorinnen über 65 Jahre: **3 Euro**
Familienprogramm: **14 Euro**

Tickets kaufen: online oder hier im Museum

1 この展示は 2023 年 1 月 29 日までである。

2 日曜日は休館日である。

3 木曜日は 20 時まで開いている。

4 金曜日は午前中で閉館する。

5 家族向けのプログラムは毎週土曜日の午前中に開催される。

6 この美術館にはカフェがある。

7 大学生には割引がない。

8 入場券は美術館の窓口でしか買えない。

5級

2022年度 冬期 ドイツ語技能検定試験

筆記試験 解答用紙

受験番号	氏名

手書き数字見本

曲げない　すきまを開ける　上につき出す　角をつける　閉じる

0 1 2 3 4 5 6 7 8 9

横線つけない　角をつける　閉じる

1	(a)		(b)		(c)		(d)	
2	(1)		(2)		(3)			
3	(A)		(B)		(C)			
4	(1)		(2)		(3)		(4)	
5	(A)		(B)		(C)			
6	A		B		C		D	
7								
8								

05

2022年度 冬期 ドイツ語技能検定試験
5 級
聞き取り試験　解答の手引き

（試験時間　約 20 分）

出題は新しい正書法（単語のつづり方などに関する規則）に従います。解答は新旧いずれの方式でも認めます。

注　意

■受験票と机の上の受験番号が同じであることを確認してください。
■携帯電話，スマートフォン，スマートウォッチ等の電子機器類は電源を切り，カバン等にしまってください。机の上に置いてはいけません。
■中途退場は認めません。

①指示があるまでページを開いてはいけません。
②聞き取り試験は 3 部から成り立っています。
③試験監督者の指示に従って，解答用紙の所定の欄に，受験番号・氏名を記入してください。
④放送の指示でページを開き，解答のしかたをよく読んでください。
解答のしかたと選択肢などが，2〜3 ページに示されています。
⑤解答は黒の HB の鉛筆で強めに記入してください。
書き直す場合には，消しゴムできれいに消してから記入してください。
⑥解答はすべて試験時間内に解答用紙の指定された箇所に記入してください。
⑦記入する数字は，下記の見本に従って書いてください。

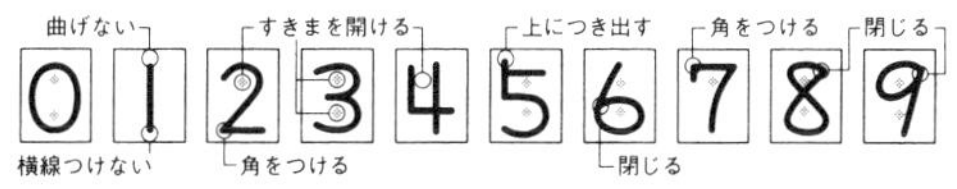

⑧アルファベットは大文字と小文字の判別ができるようにはっきりと書いてください。

■試験が終わっても，指示があるまで席を立たないでください。
■解答用紙は持ち帰ってはいけません。
■この問題冊子の無断転載，無断複製を禁じます。

06

第 1 部　Erster Teil

1. 第 1 部は，問題 (**1**) から (**5**) まであります。
2. まずドイツ語の短い文章を 2 回放送します。
3. それを聞いて，その文章の内容を最も適切に表している絵をそれぞれ **1** ～ **4** から一つ選び，その番号を解答用紙の所定の欄に記入してください。
4. 以下，同じ要領で問題 (**2**)，(**3**) と進みます。
5. 次に，問題 (**4**) では数字を聞き取り，その答えを算用数字で解答用紙の所定の欄に記入してください。
6. 次に，問題 (**5**) では名詞を聞き取り，その答えを解答用紙の所定の欄に記入してください。
7. 最後に，問題 (**1**) から (**5**) までをもう一度通して放送します。
8. メモは自由にとってかまいません。

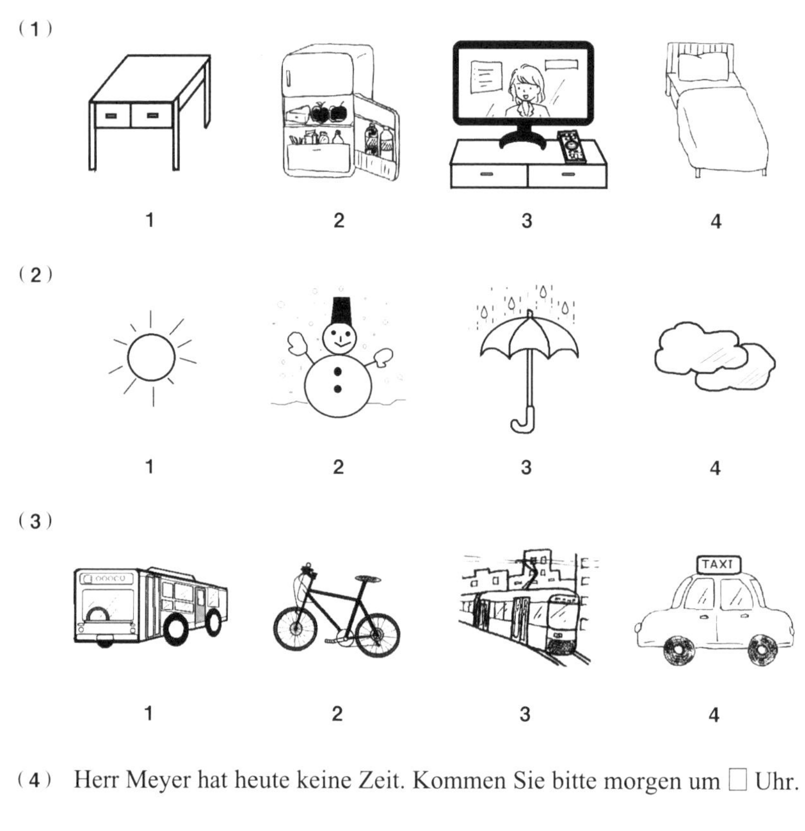

(**4**) Herr Meyer hat heute keine Zeit. Kommen Sie bitte morgen um □ Uhr.

(**5**) Karl hat einen ____________ . Er ist braun.

07

第 2 部　Zweiter Teil

1. 第 2 部は，問題 (**6**) から (**8**) まであります。
2. まずドイツ語の短い文章を放送します。次にその文章についての質問として，問題 (**6**) ～ (**8**) を放送します。
3. それを聞いた上で，それぞれの問いの選択肢 **1** ～ **3** から質問の答えとして最も適したものを選び，その番号を解答用紙の所定の欄に記入してください。
4. 文章と質問は，合計 3 回放送します。
5. メモは自由にとってかまいません。

(**6**)　**1**　50 Jahre alt.　　**2**　60 Jahre alt.　　**3**　70 Jahre alt.

(**7**)　**1**　Er kocht gern.　　**2**　Er liest gern.　　**3**　Er singt gern.

(**8**)　**1**　Nach England.　　**2**　Nach Italien.　　**3**　Nach Österreich.

08

第 3 部　Dritter Teil

1. 第 3 部は，問題 (**9**) から (**11**) まであります。
2. まずドイツ語の短い会話を続けて 2 回放送します。それを聞いて，その会話の状況として最も適したものを，下の **1** ～ **3** から選び，その番号を解答用紙の所定の欄に記入してください。
3. 以下，同じ要領で問題 (**11**) まで順次進みます。
4. 最後に，問題 (**9**) から (**11**) までをもう一度通して放送します。そのあと，およそ 1 分後に試験終了のアナウンスがあります。試験監督者が解答用紙を集め終わるまで席を離れないでください。
5. メモは自由にとってかまいません。

1　レストランで注文をしている。

2　お互いの家族の話をしている。

3　買い物をしている。

(**9**)

(**10**)

(**11**)

5級　2022年度 冬期 ドイツ語技能検定試験

聞き取り試験 解答用紙

受験番号	氏名

手書き数字見本

0 1 2 3 4 5 6 7 8 9

曲げない　すきまを開ける　上につき出す　角をつける　閉じる
横線つけない　角をつける　閉じる

【第 1 部】

(1)		(2)		(3)	

(4) Herr Meyer hat heute keine Zeit. Kommen Sie bitte morgen um [ ] Uhr.

(5) Karl hat einen ______________ . Er ist braun.

採点欄

【第 2 部】

(6)		(7)		(8)	

【第 3 部】

(9)		(10)		(11)	

冬期《5級》 ヒントと正解

【筆 記 試 験】

1 動詞の現在人称変化

正解 (a) 2 (b) 3 (c) 1 (d) 2

動詞の現在人称変化に関する問題です。動詞は原則として「語幹」部分と「語尾」部分からできています。語尾は主語の「人称」と「数」，そして「時制」によって決まります。問題では，主語に一致する動詞の現在人称変化形を選ぶことが求められています。動詞には，規則的に変化するものだけでなく，不規則に変化するものもあります。一つ一つ確実に覚えていきましょう。問題文は「私の母は体育教師です。彼女（母）はスポーツをするのが好きです。私は泳ぐのが好きです。私たちは夏によく湖に行きます」という意味です。

(a) 重要な動詞 sein（～である）の現在人称変化形を問う問題です。sein は主語に応じて変化形が大きく異なる不規則変化動詞です。主語が単数の場合は ich bin，du bist，er / sie / es ist，複数の場合は wir sind，ihr seid，sie sind，敬称 2 人称の場合は Sie sind と変化します。問題文の主語は 3 人称単数の meine Mutter（私の母）ですので，sein は ist になります。正解は選択肢 **2** です。［正解率 95.74%］

(b) machen（～をする）の現在人称変化形を問う問題です。machen は他動詞で，文の後半の Sport と組み合わせて「スポーツをする」という句を作る規則変化動詞です。問題文の主語 sie は，前の文に出てきた meine Mutter を指す 3 人称単数の人称代名詞ですので，動詞の語尾は -t という形を取ります。これと混同しやすいのが，3 人称複数の sie や敬称 2 人称の Sie ですが，この場合は，動詞の語尾は -en となりますので，しっかり区別しましょう。正解は選択肢 **3** です。［正解率 87.00%］

(c) schwimmen（泳ぐ）の現在人称変化形を問う問題です。schwimmen は規則変化動詞であり，問題文の主語は 1 人称単数 ich です。主語が 1 人称単数 ich のとき，動詞の語尾は -e という形を取ります。正解は選択肢 **1** です。［正解率

98.11%]

(**d**) fahren ([乗り物で] 行く) の現在人称変化形を問う問題です。fahren は不規則変化動詞です。不規則変化動詞の中には，現在形で，主語が 2 人称単数と 3 人称単数の場合，語幹の母音が変化する動詞があります。fahren は，現在形で du fährst，er / sie / es fährt というように，語幹が fähr に変化する動詞です。それ以外の主語では，語幹は変化せず，fahr のままです。問題文の主語は wir ですので，語幹は変化しない fahr，語尾は -en の形を取ります。正解は選択肢 **2** です。[正解率 94.56%]

◇この問題は 12 点満点 (配点 3 点×4) で，平均点は 11.27 点でした。

1 ここがポイント！

＊規則変化する動詞の人称語尾を確実に身につけよう！
＊主語はどれなのか，また 3 人称の人称代名詞が主語の場合は，その人称代名詞がどの名詞を指しているのか，しっかり見極めて，動詞の形を判断しよう！
＊sein，haben，werden など，特に不規則な変化をする重要動詞については，一つ一つの変化を確実に覚えよう！

2 冠詞・疑問詞・代名詞

正解 (**1**) **4** (**2**) **3** (**3**) **2**

適切な冠詞，疑問詞，代名詞を選ぶ問題です。冠詞と代名詞に関しては，それに関連づけれられる名詞と性・数を一致させる必要があります。なお，いずれの問題文も空欄が文頭にあたることから，選択肢はすべて語頭が大文字で表記されています。

(**1**) 人称代名詞に関する問題です。第 1 文は「私には兄弟が 2 人います」という意味です。第 2 文は「(　　) は生徒です」という意味です。空欄のすぐ後の定形 sind に注目すると，主語は 1 人称複数 wir，3 人称複数 sie，あるいは敬称 2 人称 Sie であることが予想されます。このうち適切な主語は，第 1 文に登場する 2 人の兄弟 (3 人称複数) であると考えられます。したがって，正解は選択肢 **4** です。[正解率 79.91%]

(2) 所有冠詞に関する問題です。第 1 文は「これは私の友だちのユーリアです」という意味です。第 2 文は「(　　) の兄 (または弟) は医者です」という意味です。第 1 文で話題にされている Freundin (友だち) が女性名詞であることから，Julia が女性の名前であることがわかります。また，Freundin の前にある所有冠詞 meine が女性名詞または複数名詞の 1 格・4 格の前に置かれる形であることから語尾に注目して名詞の性を判断することも可能です。第 2 文の主語 Bruder はユーリアの兄 (または弟) と考えられますので空欄には「彼女の」を意味する所有冠詞 ihr が入ります。したがって，正解は選択肢 **3** です。第 2 文は「彼女の兄 (または弟) は医者です」という意味です。なお，選択肢 **4** を選んだ解答が 36.17% ありました。sein は「彼の」または「それの」という意味です。[正解率 47.04%]

(3) 疑問詞に関する問題です。選択肢 **1** の wann は「いつ」，選択肢 **2** の was は「何が，何を」，選択肢 **3** の wie は「どのように，どのような」，選択肢 **4** の wo は「どこ」という意味です。質問文に対する応答文は「私は映画を観るのが好きです」という意味であることから，質問文は好きなことが何かを尋ねる文であると予測できます。したがって，正解は選択肢 **2** です。質問文は「何をするのが好きですか？」という意味です。[正解率 84.63%]

◇この問題は 9 点満点 (配点 3 点×3) で，平均点は 6.34 点でした。

2 ここがポイント！

＊指している名詞の性・数を確認し，適切な人称代名詞を使おう！
＊指している名詞の性・数に応じた適切な所有冠詞を使えるようにしよう！
＊疑問詞とその意味を覚え，正しく使い分けられるようにしよう！

3 語彙 (異なる意味グループに属する語の選択)

正解　**(A)　1**　　**(B)　2**　　**(C)　2**

四つの語の中から，意味のグループが他と異なるものを選ぶ問題です。語彙力が試されます。

(A) 選択肢 **1** は「木」，選択肢 **2** は「胡椒」，選択肢 **3** は「塩」，選択肢 **4** は「砂糖」という意味です。この中では，調味料でない選択肢 **1** が正解です。[正解率 75.18%]

(**B**) 選択肢 **1** は「いつも」, 選択肢 **2** は「小さい」, 選択肢 **3** は「ときどき」, 選択肢 **4** は「しばしば」という意味です。この中では, 時を表す副詞でない選択肢 **2** が正解です。なお, 選択肢 **2** は大きさを表す形容詞です。[正解率 67.85%]

(**C**) 選択肢 **1** は「ズボン」, 選択肢 **2** は「空腹」, 選択肢 **3** は「コート」, 選択肢 **4** は「スカート」という意味です。この中では, 衣類でない選択肢 **2** が正解です。衣類に関する単語は多いので, すべてを一つのグループとして覚えるのではなく, 上着類, 履いて身につけるものといったように, さらにいくつかのサブグループに分けると効率よく覚えられるはずです。[正解率 76.36%]

◇この問題は 9 点満点 (配点 3 点×3) で, 平均点は 6.58 点でした。

3 ここがポイント！

＊よく使う語は, 話題や場面ごとにまとめて覚える習慣を身につけよう！
＊覚える単語のグループが大きい場合は, グループを複数のサブグループに分けて覚えると効率的！

4 発音とアクセント

正解 (**1**) **2** (**2**) **1** (**3**) **3** (**4**) **4**

発音, アクセントの位置, 文中で強調して発音される語に関する問題です。発音の基本的な規則についての知識や, 簡単な会話内容を把握する能力が必要とされます。

(**1**) ch の発音に関する問題です。この ch の読み方には 2 通りあります。母音 a, o, u, au の次では [x] と発音されます。その他の場合は [ç] となります。選択肢 **1** の Kuchen (ケーキ), 選択肢 **3** の Nacht (夜), 選択肢 **4** の Tochter (娘) では, ch はそれぞれ u, a, o の後にあり, 原則どおり [x] と発音されます。その一方で, 選択肢 **2** の Milch (牛乳) では ch は子音の後にあるため, [ç] となります。正解は選択肢 **2** です。選択肢 **1** を選んだ解答が 22.93% ありました。[正解率 45.39%]

(**2**) 語のアクセントの位置に関する問題です。ドイツ語では, 語のアクセントは原則として最初の音節に置かれます。しかし, 外来語の場合はこの原則から逸脱する場合があります。選択肢 **2** の Fahrrad (自転車), 選択肢 **3** の Garten (庭),

選択肢 **4** の Tasse (カップ) では，それぞれ下線のある，最初の母音にアクセントが置かれます。しかし，選択肢 **1** の Banane (バナナ) は外来語であり，アクセントは最初の母音ではなく，2 番目の音節にあります。したがって，正解は選択肢 **1** です。[正解率 80.85%]

(**3**) 母音の長短に関する問題です。ここではアクセントがある母音 i を長く発音する単語を選択することが求められています。ドイツ語では，アクセントがある母音は，後に続く子音字が一つの場合は長く，後に続く子音字が二つ以上の場合は短く発音されます。この原則に従うと，選択肢 **1** の Brille (メガネ)，選択肢 **2** の Kirche (教会)，選択肢 **4** の Winter (冬) は，それぞれ下線のある i の後に子音字が二つ以上続くので，短く発音されます。これに対し，選択肢 **3** の Musik (音楽) の下線部の母音 i は，その後に続く子音字が一つであるため，長母音になります。正解は選択肢 **3** です。[正解率 83.22%]

(**4**) 文の中で強調して発音される語を問う問題です。一般的に，文中では最も重要な情報を担う部分が強調して発音されます。**A** は「その映画をどう思う?」と尋ねています。これに対して **B** は「私はその映画を面白いと思う」と答えています。動詞 finden は様態を示す語句と一緒に使うと「～と思う」という，印象や感想を述べる表現となります。**A** の質問は映画についての感想を尋ねているので，**B** の答えの中で特に重要な情報は「面白い」という部分であるとわかります。そのため文中では，interessant を強調して発音するのが最も自然で，正解は選択肢 **4** です。[正解率 91.02%]

◇この問題は 12 点満点 (3 点×4) で，平均点は 9.02 点でした。

4 ここがポイント！

＊語のアクセントの位置や母音の長短に関する原則をマスターしよう！
＊外来語の場合，発音やアクセントの原則に関する例外があるので注意しよう！

5 会話の場面理解

正解　(**A**) **1**　(**B**) **3**　(**C**) **2**

短い会話を読み，適切な場所や場面を選ぶ問題です。さまざまな表現を手がかりとした上で，会話の状況を総合的に判断する力が求められます。

(**A**) 会話の内容は次の通りです。

A: すみません，辞書はどこにありますか？

B: 辞書ですか？ そこの後ろの棚にありますよ，A-8 番です。

A: ありがとう。

冒頭の **A** の問いかけ Wo finde ich ...? は，「〜はどこで見つかりますか？」という意味で，場所を尋ねる言葉として典型的なものです。ここでは，**A** が Wörterbücher (辞書) を探していることや，**B** が棚を番号で案内していることから，図書館で交わされた会話であることがわかります。したがって，正解は選択肢 **1** です。[正解率 95.27%]

(**B**) 会話の内容は次の通りです。

A: 今日の天気はどうですか？

B: 良い天気ですが，午後に雪が降ります。

A: ああ，それなら雪だるまを作ろう。

A が Wetter (天気) という語を使用しているため，この会話が天気に関するものであることがわかります。したがって，正解は選択肢 **3** です。さらに，**B** が今日の天気に関して schneien (雪が降る) という動詞を使って答えていることに対して **B** が Schneemann (雪だるま) という語を使って反応しています。どちらかがわかれば，今日は雪が降ることもわかります。[正解率 99.29%]

(**C**) 会話の内容は次の通りです。

A: チョコレートケーキとコーヒーを一つ，お願いします。

B: はいよろこんで，すぐにお持ちします。

A: ありがとう。

Schokoladenkuchen (チョコレートケーキ)，Kaffee (コーヒー) という語が使われていることから，会話が飲食に関するものであることがわかります。さらに，bitte (お願いします) や gerne (よろこんで) という表現などから，カフェでの注文の様子だということが推測できます。したがって，正解は選択肢 **2** です。[正解率 100.00%]

◇この問題は 9 点満点 (配点 3 点×3) で，平均点は 8.84 点でした。

5 ここがポイント！

＊テキスト全体を読み，キーワードを探し出そう。
＊鍵となる語彙や言い回しを手がかりに，会話の場所や場面を推測しよう！
＊買い物やレストランの場面などでよく使われる表現はマスターしておこう！

6 初歩の会話表現

正解 **(A) 3　(B) 2　(C) 1　(D) 3**

短い会話文を読み，日本語で記されている内容に対応するドイツ語表現を選ぶ問題です。基本的な会話表現を覚えておくことが大切です。

内容：
ウーヴェ：写真に写っているのは，きみの家族かい？
ズザンネ：ええ。これが私の父，これが私の母。(**A** そして，これが私の祖父母です。)
ウーヴェ：(**B** 彼らは何歳なの？)
ズザンネ：私の祖父は 69 歳で，祖母は 65 歳です。
ウーヴェ：それで彼らはどこに住んでいるの？
ズザンネ：ハイデルベルクです。土曜日は祖父の誕生日で，私たちはパーティーを開きます。(**C** 私たち，祖父のためにケーキを焼きます。)
ウーヴェ：(**D** 楽しんできてね！)

(**A**) 三つの選択肢は，Und das sind meine ... (そして，これが私の…です) の部分が共通し，最後の名詞の部分だけが異なっています。選択肢 **1** の Eltern は「両親」，選択肢 **2** の Freunde は「友人たち」，選択肢 **3** の Großeltern は「祖父母」という意味です。ここでは「祖父母」をウーヴェに紹介しているので，選択肢 **3** が正解です。[正解率 96.93%]

(**B**) 選択肢 **1** の Wie alt ist sie? は，定動詞が ist という 3 人称単数の形をしていることから，この sie が「彼女」を指していることがわかります。選択肢 **2** の Wie alt sind sie? は，定動詞が sind になっていることから，この sie は 3 人称複数，つまり「彼ら」を指しています。選択肢 **3** の Wie alt sind Sie? は，Sie の S が文中で大文字になっているため，主語は敬称 2 人称で「あなた／あなたたち」を指しています。ここでは祖父母の年齢が問題になっていますので，「彼ら」

を意味する選択肢 **2** が正解です。なお，選択肢 **3** を選んだ解答が 25.06% ありました。［正解率 73.05%］

（**C**）三つの選択肢は，Wir ... einen Kuchen für ihn.（私たち，祖父のためにケーキを…）という部分が共通し，動詞の部分だけが異なっています。問題では，ケーキを「焼く」という表現を選択する必要があります。選択肢 **1** の backen は「(オーブンなどで) 焼く」，選択肢 **2** の essen は「食べる」，選択肢 **3** の kaufen は「買う」という意味です。したがって，正解は選択肢 **1** です。［正解率 97.64%］

（**D**）ウーヴェは，祖父の誕生日パーティーへ行くズザンネに対して「楽しんできてね！」と伝えます。これに対応するドイツ語の表現は Viel Spaß! ですから，正解は選択肢 **3** です。選択肢 **1** の Vielen Dank! は「どうもありがとう！」，選択肢 **2** の Viel Glück! は「幸運を！」という意味です。したがって，選択肢 **1** と選択肢 **2** は文脈的にふさわしくありません。選択肢 **2** を選んだ解答が，30.02% ありました。［正解率 67.61%］

◇この問題は 12 点満点（配点 3 点×4）で，平均点は 10.05 点でした。

6 ここがポイント！

＊身近な事柄に関わる名詞や動詞を身につけよう！
＊人称代名詞や動詞の人称変化を確実にマスターしよう！
＊日常でよく使われる挨拶や別れるときの表現を覚えておこう！

7 短いテキストの内容理解

正 解　**1**，**4**（順序は問いません）

短いテキストを読み，要点を理解できるかどうかを問う問題です。テキスト中の語句を手がかりに正確な内容を把握する力が求められます。

内容：
こんにちは，私の名前はアンナです。私はライプツィヒの中心部に住まいがあります。住まいは広くありませんが，新しいです。スーパーマーケットはとても近くにあり，私はそこへしばしば買い物に行きます。残念ながら庭はありませんが，私は自分の住まいが好きです。

選択肢 **1** は，第 2 文の内容そのものですから正解です。［正解率 91.73%］選択肢 **2** は第 3 文の「住まいは広くありません」という内容と矛盾するので不正解です。選択肢 **2** を選んだ解答が 7.09% ありました。選択肢 **3** は第 4 文で「スーパーマーケットはとても近くにあり」と述べられていますので不正解です。選択肢 **3** を選んだ解答が 35.22% ありました。これは第 4 文にある dort（そこに）を「あちら」という遠い場所を表す副詞として理解したためと考えられます。しかし，文前半でスーパーマーケットは「とても近くにあり」と述べられていますので，この dort が遠い場所を指すとなると，前半で述べられていることと矛盾することになります。したがって，ここでは dort は買い物をする場所である「スーパーマーケット」を言い換えた「そこで」を意味すると理解できます。選択肢 **4** は第 5 文で「残念ながら庭はありませんが」と述べられていますので正解です。［正解率 65.25%］したがって，この問題の正解は選択肢 **1** と選択肢 **4** です。

◇この問題は 6 点満点（配点 3 点×2）で，平均点は 4.71 点でした。

7 ここがポイント！

＊テキスト全体から，重要な情報を正確に読み取ろう！
＊テキストの中の個別の文の意味を理解する際にも，各単語の意味や働きについては，文全体の中でとらえることを心がけよう！

8 重要情報の読み取り

正 解　**1，3，6**（順序は問いません）

ドイツ語の文字情報を手がかりにして要点を把握する問題です。広告や掲示，パンフレットなどの場合，情報は文形式で提示されるとは限らず，キーワードだけで簡潔に表されることが多くあります。そうした場合にも，与えられた情報を手がかりにしながら，的確に内容を把握する力が求められます。問題では，ある美術館の案内が題材として取り上げられています。

内容：

冬の美術館
「印象派」　～ミュンヘンの絵画と文化～
2022 年 11 月 25 日～ 2023 年 1 月 29 日

インフォメーション

月曜日：閉館
火曜日・水曜日：10時～17時
木曜日：10時～20時
金曜日～日曜日：10時～18時
クリスマス，新年：閉館
★美術館のカフェは火曜日から日曜日の12時から17時まで営業。

子ども連れの家族向けプログラム：
毎週土曜日 14時～16時

料金

1日券：10ユーロ
5歳までの子ども：無料
(高校までの) 生徒：4ユーロ
大学生：4ユーロ
65歳以上のシニア：3ユーロ
家族向けプログラム：14ユーロ

チケット購入：オンラインまたはここ美術館にて

冒頭に「冬の美術館」と書かれていることから，美術館に関する案内であることがわかります。以下，選択肢**1**から選択肢**8**まで順に確認していきます。「印象派 (Impressionismus)」という展示のタイトルの下にその会期が記載されています。この展示は2022年の11月25日から2023年の1月29日までです。したがって，選択肢**1**は正解です。[正解率96.69%] ドイツ語では日付は，日，月，年の順で書かれます。

インフォメーション (Informationen) の項目には美術館の開館時間などが記載されています。閉館や閉店を表す単語はgeschlossen (閉まっている) です。月曜日がgeschlossenですので，休館日は月曜日です。日曜日は10時から18時まで開館しています。したがって，選択肢**2**は不正解です。木曜日は他の曜日よりも長く20時まで開館しています。したがって，選択肢**3**は正解です。[正解率95.98%] 金曜日は日曜日と同じく10時から18時まで開館しています。したがって，選択肢**4**は不正解です。家族向けプログラムは毎週土曜日 (jeden Samstag) の14時から16時の午後の時間帯に行われます。したがって，選択肢**5**は不正解です。インフォメーションの最後にカフェ (Café) の営業時間についての案内がありますのでこの美術館にはカフェが併設されていることがわかります。したがって，選択肢 **6** は正解です。［正解率 97.87%］

料金 (Preise) の項目には入場料についての情報が書かれています。1 日券 (Tageskarte) は 10 ユーロ，大学生 (Studenten/Studentinnen) は 4 ユーロと表示されています。1 日券の 10 ユーロと比べて 6 ユーロの割引があることがわかります。したがって，選択肢 **7** は不正解です。なお，Studenten は男子学生の複数形で，Studentinnen は女子学生の複数形です。今日ではこのように男性と女性が併記されることが一般的です。その他，Student*innen と「*」を用いて男性と女性を一語で表記するケースも最近ではよく見られます。

案内の最後に，チケット購入 (Tickets kaufen) についての情報があります。オンラインまたはここ美術館にて，と書かれています。したがって，選択肢 **8** は不正解です。

◇この問題は 9 点満点 (配点 3 点×3) で，平均点は 8.71 点でした。

8 ここがポイント！

* ＊案内，広告，パンフレットなどの場合，知らない単語が含まれていることも多いですが，知っている語句や表記を手がかりにして要点を抜き出していこう！
* ＊月，曜日，時間，料金などに関する表現を覚えよう！

【聞き取り試験】

第1部 短い文章の聞き取りと数字の書き取り

正解 (**1**) **3**　(**2**) **1**　(**3**) **1**　(**4**) **8**　(**5**) **Hund**

放送された短いテキストを聞き取り，その内容を表すのに最も適した絵を選ぶ問題，および，放送されたテキストに含まれる数詞や単語を書き取る問題です。問題 (**1**) から (**3**) ではキーワードを，問題 (**4**) では数を，(**5**) では動詞や名詞を聞き取ることが求められます。

放送　問題 **1**：　In meinem Zimmer habe ich einen Fernseher.

内容：　私の部屋にはテレビが 1 台あります。

話題になっている家具が何かを選ぶ問題です。放送されたテキストでは「私の部屋に (In meinem Zimmer)」,「テレビ (Fernseher)」があると言っています。したがって，正解は選択肢 **3** です。選択肢 **2** の「冷蔵庫」(Kühlschrank) を選択した解答が 26.95% ありましたが，放送されたテキストの内容に合わないので，不正解です。[正解率 63.36%]

放送　問題 **2**：　Das Wetter ist gut. Die Sonne scheint.

内容：　天気が良いです。太陽が照っています。

話題となっている天気を選ぶ問題です。すべての選択肢に天気のイラストが描かれているので，どの天気が会話に出てくるのかを予想しながら聞き分けることがポイントになります。放送されたテキストでは，天気が「良い (gut)」，さらに「太陽が (die Sonne)」「照っている (scheint)」と言っています。したがって，正解は選択肢 **1** です。[正解率 97.16%]

放送　問題 **3**：　Ich fahre nach Hause. Ich nehme den Bus.

内容：　私は家へ帰ります。バスに乗ります。

この問題では家へ帰る交通手段を聞き分けて解答することが求められます。正解は，バスが描かれている選択肢 **1** です。なお，選択肢 **2** の「自転車」は Fahrrad，選択肢 **3** の「路面電車」は Straßenbahn，選択肢 **4** の「タクシー」は Taxi といいます。[正解率 92.20%]

放送　問題 **4**：　Herr Meyer hat heute keine Zeit. Kommen Sie bitte morgen um 8 Uhr.

内容：　マイアー氏は本日時間がありません。明日の 8 時においでください。

数を書き取る問題です。「解答の手引き」には Herr Meyer hat heute keine Zeit. Kommen Sie bitte morgen um □ Uhr. と記載されています。空欄には 1 桁の数字を記入する必要があります。放送されたテキストでは acht (8) と言っているので，正解は **8** です。なお，数字の次に続く単語 Uhr は「～時」という意味です。[正解率 94.09%]

放送　問題 **5**：　Karl hat einen Hund. Er ist braun.

内容：　カールは犬を飼っています。その犬は茶色です。

名詞を書き取る問題です。正解は **Hund** (犬) です。「解答の手引き」には Karl hat einen ____. Er ist braun. と記載されています。ドイツ語では名詞は大文字で書き始めますが，hund のように 1 文字目を小文字にした解答が多く見受けられました。また hunt，Hunt，Fünt などのつづり間違いの他，heute (今日) と混同する例も見られました。[正解率 62.79%]

◇この問題は 17 点満点 (問題 **1** から問題 **3** まで配点 3 点×3，問題 **4** と問題 **5** の配点 4 点×2) で，平均点は 13.88 点でした。

第1部 ここがポイント！

＊キーワードや数，単語を正確に聞き取ろう！

＊絵や文字などの視覚情報は，聞き取りの手助けになるため，積極的に活用しよう！

＊名詞の 1 文字目は大文字にし，発音とつづりのルールを学習しておこう！

第2部 テキストの重要情報の聞き取り

正解　**(6)　3**　　**(7)　3**　　**(8)　2**

放送されるドイツ語のテキストを聞き，その内容に関する質問に答える問題です。質問もドイツ語で放送されます。

放送

Walter ist 70 (siebzig) Jahre alt und kommt aus Berlin. Er liebt Musik und singt gern. Er geht oft ins Konzert. Walter lernt jetzt Italienisch, denn im Sommer fährt er nach Italien.

内容:

ヴァルターは70歳で，ベルリン出身です。彼は音楽を愛していて，歌うのが好きです。彼はよくコンサートに行きます。ヴァルターは今，イタリア語を学んでいます，というのも，夏に彼はイタリアに行くからです。

放送 問題 **6**: Wie alt ist Walter?

質問は「ヴァルターは何歳ですか?」という意味です。テキストでは，ヴァルターが「70歳」(siebzig Jahre alt) であると述べられています。したがって，正解は選択肢 **3** の 70 Jahre alt. です。なお，選択肢 **1** の数字 50 は fünfzig，選択肢 **2** の数字 60 は sechzig と読みます。[正解率 60.99%]

放送 問題 **7**: Was macht Walter gern?

質問は「ヴァルターは何をするのが好きですか?」という意味です。テキストでは，ヴァルターは「歌う (singen) のが好き」だと述べられています。したがって，選択肢 **3** の Er singt gern. が正解です。なお，選択肢 **1** の Er kocht gern. は「彼は料理をするのが好きだ」，選択肢 **2** の Er liest gern. は「彼は読書をするのが好きだ」という意味です。[正解率 86.76%]

放送 問題 **8**: Wohin fährt Walter im Sommer?

質問は「ヴァルターは夏にどこに行きますか?」という意味です。テキストでは，ヴァルターは「イタリア (Italien) に行く」と述べられています。したがって，正解は選択肢 **2** の Nach Italien. です。[正解率 99.05%]

◇この問題は9点満点 (配点3点×3) で，平均点は7.42点でした。

第2部 ここがポイント!

* wie (どのくらい，どのように) や wie alt (何歳)，was (何が，何を)，woher (どこから)，wohin (どこへ) などの疑問詞や疑問詞を使った表現をしっかり覚えよう!
* 無冠詞で使う中性名詞の国名を覚えよう!
* nach＋無冠詞の国名・地名＋fahren (〜に行く) や，kochen, lesen, singen など，日常会話でよく使う動詞表現を覚えよう!

第3部 会話の場面理解

正 解 (1) 3 (2) 2 (3) 1

放送された三つの短い会話を聞き，それぞれの会話の状況を把握する問題です。聞き取りの際には，キーワードを的確に理解し，全体としてどのようなことが述べられているのかを掴むことが重要です。

放 送 問題 **9**

A: Was kostet die Hose hier? Sie ist schön.

B: Die Hose kostet 40 (vierzig) Euro.

A: Das ist nicht so teuer. Dann nehme ich die Hose.

内容:

A: このズボンはいくらですか？ これは素敵です。

B: そのズボンは 40 ユーロです。

A: それほど高くありませんね。ではこのズボンにします。

男性 (**A**) が「そのズボンはいくらですか？」(Was kostet die Hose hier?) と言っています。また，40 Euro (40 ユーロ) や nicht so teuer (それほど高くない) など値段に関する語句が使われており，男性 (**A**) が「ではこのズボンにします」(Dann nehme ich die Hose.) とズボンの購入を決めていることから，買い物をしている場面であることがわかります。したがって，正解は選択肢 **3** です。[正解率 96.93%]

放 送 問題 **10**

A: Woher kommen deine Großeltern?

B: Sie kommen aus Amerika.

A: Ach so? Mein Mann kommt auch aus Amerika.

内容:

A: あなたの祖父母はどこの出身？

B: アメリカ出身だよ。

A: そうなの？ 私の夫もアメリカ出身だよ。

女性 (**A**) が男性 (**B**) に「あなたの祖父母はどこの出身？」と尋ねています。祖父母 (Großeltern) の他にも mein Mann (私の夫) という家族を表す単語が使われていることからお互いの家族が話題にされていることがわかります。したがっ

て，正解は選択肢 **2** です。［正解率 98.11%］

放 送　問題 **11**

A: Ich möchte eine Pizza Salami.

B: Und zu trinken?

A: Ein Mineralwasser, bitte.

内容:

A: サラミピザをください。

B: お飲み物は？

A: ミネラルウォーターをお願いします。

男性 (**A**) が女性 (**B**) に möchte (ほしい) という動詞を用い，「サラミピザをください」と言っています。また，Mineralwasser (ミネラルウォーター) や trinken (飲む) という語が使われていることから，レストランで注文している場面であることがわかります。したがって，正解は選択肢 **1** です。［正解率 98.11%］

◇この問題は 9 点満点 (配点 3 点×3) で，平均点は 8.82 点でした。

第3部 ここがポイント！

＊会話の中で重要なキーワードを聞き取ろう！

＊内容が全部わからなくても，聞き取れる語句を手がかりにテーマを推測しよう！

＊語彙を増やして聞き取り能力をアップさせよう！

4 級

4 級 (Anfängerstufe)
検定基準

■基礎的なドイツ語を理解し，初歩的な文法規則を使って日常生活に必要な表現や文が運用できる。

■家族，学校，職業，買い物など身近な話題に関する会話ができる。
簡単な手紙や短い文章の内容が理解できる。
比較的簡単な文章の内容を聞き，質問に答え，重要な語句や数字を書き取ることができる。

■対象は，ドイツ語の授業を約 60 時間 (90 分授業で 40 回) 以上受講しているか，これと同じ程度の学習経験のある人。

2022年度 夏期 ドイツ語技能検定試験

4級

筆記試験　問題

（試験時間　60 分）

出題は新しい正書法（単語のつづり方などに関する規則）に従います。解答は新旧いずれの方式でも認めます。

——注　意——

■受験票と机の上の受験番号が同じであることを確認してください。
■携帯電話，スマートフォン，スマートウォッチ等の電子機器類は電源を切り，カバン等にしまってください。机の上に置いてはいけません。
■中途退場は認めません。退場は試験放棄となります。

①問題冊子は試験開始の合図があるまで，開いてはいけません。
②問題冊子は表紙・裏表紙を含めて 8 ページあります。
余白は下書き・メモ用に使ってかまいません。
③試験監督者の指示に従って，解答用紙の所定の欄に，受験番号・氏名を記入してください。
④解答は黒の HB の鉛筆で強めに記入してください。
書き直す場合には，消しゴムできれいに消してから記入してください。
⑤**解答はすべて解答用紙の指定された箇所に記入してください。**
⑥記入する数字は，下記の見本に従って書いてください。

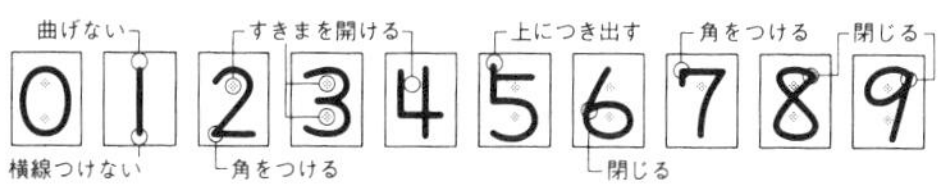

■試験が終わっても，指示があるまで席を立たないでください。
■解答用紙は持ち帰ってはいけません。
■この問題冊子の無断転載，無断複製を禁じます。

1

次の (1) ～ (4) の条件にあてはまるものが各組に一つずつあります。それを下の 1 ～ 4 から選び，その番号を解答欄に記入しなさい。

(1) 下線部の発音が他と異なる。

1 Ausflug　　2 Mittagessen　　3 Spielzeug　　4 Tagesmenü

(2) 下線部にアクセント（強勢）がない。

1 Student　　2 Studium　　3 Stufe　　4 Stunde

(3) 下線部が短く発音される。

1 Bratwurst　　2 Motorrad　　3 Rathaus　　4 Weihnachten

(4) 問い **A** に対する答え **B** の下線の語のうち，通常最も強調して発音される。

A: Kommst du aus Deutschland?

B: Nein, aber mein Vater kommt aus Deutschland.

1 Vater　　2 kommt　　3 aus　　4 Deutschland

2

次の (1) ～ (4) の文で（　　）の中に入れるのに最も適切なものを，下の 1 ～ 4 から選び，その番号を解答欄に記入しなさい。

(1) Entschuldigung! (　　) der Zug in Stuttgart?

1 Halten　　2 Haltet　　3 Hält　　4 Hältst

(2) Wie (　　) ihr diesen Roman?

1 finde　　2 finden　　3 findest　　4 findet

(3) Herr Bach (　　) schnell ans Fenster.

1 treten　　2 tretet　　3 tritt　　4 trittst

(4) Was (　　) ich für Sie tun?

1 kann　　2 kannst　　3 können　　4 könnt

3 次の (1) ～ (4) の文において（　　）の中に入れるのに最も適切なものを，下の 1 ～ 4 から選び，その番号を解答欄に記入しなさい。

(1) Ich möchte ein Fahrrad kaufen. – (　　) Fahrrad möchten Sie?
1 Welchem　2 Welchen　3 Welcher　4 Welches

(2) Am Wochenende fährt Anna zu (　　) Eltern.
1 ihr　2 ihre　3 ihrem　4 ihren

(3) Tobias gefällt die Hose. Aber die Hose passt (　　) nicht.
1 er　2 ihm　3 ihn　4 sie

(4) Ich habe viel Arbeit. Helfen Sie (　　) bitte!
1 ich　2 meiner　3 mich　4 mir

4 次の文に（　　）内の語を挿入して文を完成させる場合，最も適切な箇所を [1] ～ [4] から選び，その番号を解答欄に記入しなさい。

(1) (lernt)
Meine Freundin studiert [1] Informatik, aber [2] auch [3] Spanisch [4] und Chinesisch.

(2) (viele)
Wie [1] Bücher [2] haben [3] die Schüler [4] zu Hause?

(3) (seit)
Mein Großvater ist [1] krank und [2] schon [3] zwei Wochen [4] im Krankenhaus.

(4) (ihn)
Paul hat einen Rucksack. Er [1] findet [2] modern und [3] sehr praktisch [4] .

5 次の (1) ~ (4) の文で (　　) の中に入れるのに最も適切なものを下の 1 ~ 4 から選び，その番号を解答欄に記入しなさい。

(1) Heute wird das Wetter (　　). Deshalb bleibe ich zu Hause.
1 hoch　　2 leicht　　3 schlecht　　4 teuer

(2) Morgen hat mein Sohn Geburtstag. Er (　　) sicher viele Geschenke.
1 bekommt　　2 besucht　　3 feiert　　4 ruft

(3) (　　) dem Essen soll ich die Tabletten nehmen.
1 Hinter　　2 Nach　　3 Von　　4 Über

(4) Entschuldigung, ist ein Einzelzimmer mit (　　) und WC frei?
1 Berg　　2 Dusche　　3 Fluss　　4 Heft

6 次の (1) ~ (4) の会話が完成するように，(　　) の中に入れるのに最も適切なものを下の 1 ~ 4 から選び，その番号を解答欄に記入しなさい。

(1) **A**: Wie geht es dir?
B: (　　).
1 Er geht zur Schule　　2 Danke, gut
3 Ich gehe zu Fuß　　4 Wir fahren mit dem Auto

(2) **A**: Ich habe morgen eine Prüfung.
B: (　　)!
1 Guten Appetit　　2 Gute Reise
3 Vielen Dank　　4 Viel Erfolg

(3) **A**: Was wünschen Sie?
B: (　　).
1 Danke schön　　2 Das ist eine Tasche
3 Das ist nicht schön　　4 Drei Brötchen, bitte

(4) **A**: (　　) ist dein Vater von Beruf?
B: Er ist Lehrer.
1 Was　　2 Wer
3 Wie　　4 Wo

7 以下は，Natalie が日本に住むメール友だちのマリに宛てて書いたメールです。この文章を読んで，以下の (**a**) ～ (**e**) に対応する絵を下の **1** ～ **8** から選び，その番号を解答欄に記入しなさい。

Liebe Mari,

vielen Dank für deine Nachricht! Ich freue mich schon sehr auf deinen Besuch im August. Ich wohne ja noch bei meinen Eltern. Aber du kannst gerne ein paar Tage hier bei uns bleiben.

Mein Vater Martin ist übrigens Lehrer und kann sehr gut singen. Meine Mutter Sophie ist Ärztin und macht gern Gartenarbeit. Mein Bruder Leo ist Bäcker und schon verheiratet. Er spielt sehr gern Gitarre. Er wohnt mit seiner Frau Christine in der Nähe von uns. Sie alle wollen dich gerne kennenlernen.

Meine Heimatstadt ist nicht so groß, aber sehr schön. Hier gibt es viel Natur. Wir haben zum Beispiel einen See. Dort kann man sehr gut Rad fahren. Wir können zusammen eine kleine Radtour machen. Hast du Lust?

Neben dem Studium jobbe ich jetzt zweimal pro Woche als Kellnerin in einem Café. Die Arbeit macht mir viel Spaß. Im August habe ich aber viel Zeit. Schreib mir bald!

Liebe Grüße
Natalie

(**a**) Wer kann sehr gut singen?
(**b**) Was ist Sophie von Beruf?
(**c**) Was macht Leo sehr gern?
(**d**) Wo kann man eine Radtour machen?
(**e**) Was macht Natalie zweimal pro Woche?

8 以下は，Julia と日本人留学生リカの会話です。空欄（ **a** ）～（ **e** ）に入れるのに最も適切なものを下の **1** ～ **8** から選び，その番号を解答欄に記入しなさい。

Rika: Sag mal Julia, wo bist du geboren?

Julia: （ **a** ） Das ist eine sehr alte Stadt. Kennst du die Stadt vielleicht?

Rika: Ja, natürlich! Nürnberg ist für den Weihnachtsmarkt sehr berühmt.

Julia: Stimmt. （ **b** ）

Rika: Ich lese gerade viel über Weihnachtsmärkte in Deutschland. Ich muss bis zum Ende dieses Monates eine Hausarbeit über das Thema schreiben.

Julia: Das ist interessant! Meine Familie wohnt noch dort und ich besuche sie einmal pro Monat. （ **c** ）

Rika: Gern! Und wie lange dauert es von hier München nach Nürnberg?

Julia: （ **d** ）

Rika: Ach so, alles klar! （ **e** ）

Julia: Das schreibe ich dir später.

1 Wann und wo treffen wir uns?

2 Am 8. August.

3 Wollen wir dieses Wochenende nach Nürnberg fahren?

4 Warum möchtest du nach Nürnberg fahren?

5 Wir fahren mit dem Zug ungefähr 90 Minuten.

6 Etwa 170 Kilometer.

7 Woher weißt du das denn?

8 In Nürnberg.

9 次の文章は，高校生の Mia について書かれたものです。内容に合うものを下の **1** ～ **8** から四つ選び，その番号を解答欄に記入しなさい。ただし，番号の順序は問いません。

Mia ist 16 Jahre alt. Ihre Mutter Yuki kommt aus Tokio. Ihr Vater Uwe kommt aus Bonn und arbeitet als Deutschlehrer in Tokio. Er spricht zu Hause immer auf Deutsch, deshalb kann Mia Japanisch und Deutsch sprechen. Seit August wohnt sie bei ihren Großeltern in Bonn und geht dort für ein Jahr aufs Gymnasium. Das Leben in Deutschland gefällt ihr gut, aber es ist ein bisschen anders als in Japan.

Mia ist im Gymnasium in der 10. Klasse. In ihrer Klasse sind 30 Schülerinnen und Schüler. Sie sind alle aktiv und sprechen im Unterricht viel. Das kann Mia noch nicht so gut. Der Lehrer, Herr Wieland, ist sehr nett und hilft Mia immer.

In ihrem Gymnasium gibt es keine Schulkleidung. Deshalb steht sie morgens lange vor dem Spiegel und denkt: Was soll ich anziehen? Welche Kleidung passt heute?

Mia zieht gerne Blusen und Röcke an, aber hier in Deutschland tragen viele Schülerinnen Hosen. Deshalb trägt sie auch oft Hosen. Manchmal geht sie in Kleidergeschäfte und sucht Hosen. Aber die Kleidung in Deutschland gefällt ihr manchmal nicht so gut.

1 ミアは日本語とドイツ語の両方が話せる。

2 ミアはボンの両親のもとで暮らしている。

3 ミアはボンで，日本との暮らしの違いを感じていない。

4 ミアは授業中に積極的に発言する。

5 ヴィーラントさんは，ミアの学校の先生である。

6 ミアの通うギムナジウムには制服がない。

7 ミアはドイツでは，よくズボンで学校に行く。

8 ミアはドイツではサイズの合う服がなかなか見つからない。

4級

2022年度 夏期 ドイツ語技能検定試験

筆記試験 解答用紙

受験番号	氏　名

手書き数字見本

曲げない　横線つけない　すきまを開ける　角をつける　上につき出す　閉じる　角をつける　閉じる

0 1 2 3 4 5 6 7 8 9

1	(1)		(2)		(3)		(4)	
2	(1)		(2)		(3)		(4)	
3	(1)		(2)		(3)		(4)	
4	(1)		(2)		(3)		(4)	
5	(1)		(2)		(3)		(4)	
6	(1)		(2)		(3)		(4)	

7	(a)		(b)		(c)		(d)		(e)	
8	a		b		c		d		e	

9				

🔊 09

2022年度 夏期 ドイツ語技能検定試験

4級

聞き取り試験　解答の手引き

（試験時間　約30分）

出題は新しい正書法（単語のつづり方などに関する規則）に従います。解答は新旧いずれの方式でも認めます。

――注　意――

■受験票と机の上の受験番号が同じであることを確認してください。

■携帯電話，スマートフォン，スマートウォッチ等の電子機器類は電源を切り，カバン等にしまってください。机の上に置いてはいけません。

■中途退場は認めません。

①指示があるまでページを開いてはいけません。

②聞き取り試験は3部から成り立っています。

③試験監督者の指示に従って，解答用紙の所定の欄に，受験番号・氏名を記入してください。

④放送の指示でページを開き，解答のしかたをよく読んでください。

⑤解答は黒のHBの鉛筆で強めに記入してください。
書き直す場合には，消しゴムできれいに消してから記入してください。

⑥解答はすべて試験時間内に解答用紙の指定された箇所に記入してください。

⑦記入する数字は，下記の見本に従って書いてください。

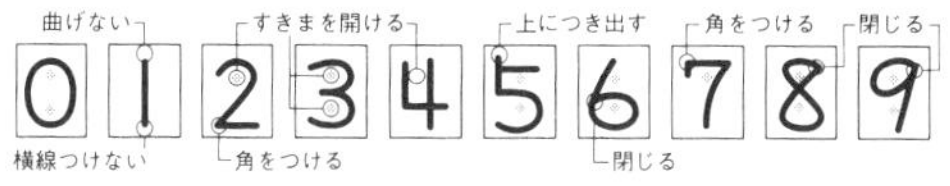

⑧アルファベットは大文字と小文字の判別ができるようにはっきりと書いてください。

■試験が終わっても，指示があるまで席を立たないでください。

■解答用紙は持ち帰ってはいけません。

■この問題冊子の無断転載，無断複製を禁じます。

10

第 1 部　Erster Teil

1. 第 1 部は，問題（**1**）から（**4**）まであります。
2. 各問題において，それぞれ四つの短い会話 **1** ～ **4** を放送します。間隔をおいてもう一度放送します。
3. すべての会話を聞いたうえで，会話として最も自然なものを選び，その番号を解答用紙の所定の欄に記入してください。
4. 以下，同じ要領で問題（**4**）まで順次進みます。
5. メモは自由にとってかまいません。
6. 問題を始める前に，放送で解答のしかたを説明します。その説明の中で例を示します。

【注意】（解答は解答用紙に記入してください。）

（**1**）　**1**　　**2**　　**3**　　**4**

（**2**）　**1**　　**2**　　**3**　　**4**

（**3**）　**1**　　**2**　　**3**　　**4**

（**4**）　**1**　　**2**　　**3**　　**4**

11

第 2 部　Zweiter Teil

1. 第 2 部は，問題（**5**）から（**8**）まであります。
2. まずドイツ語の会話を放送し，内容についての質問（**5**）～（**8**）を放送します。それをもう一度放送します。
3. それを聞いたうえで，（**6**）と（**7**）には算用数字を，（**5**）と（**8**）には適切な一語を，解答用紙の所定の欄に記入してください。なお，単語は大文字と小文字をはっきり区別して書いてください。
4. 最後に全体を通して放送します。
5. メモは自由にとってかまいません。

（**5**）　Er ____________ ein Zimmer.

（**6**）　Sie braucht nur □ Minuten zur Uni.

（**7**）　Das Zimmer hat □□ Quadratmeter.

（**8**）　Das Zimmer wird Ende ____________ frei.

12

第 3 部　Dritter Teil

1. 第 3 部は，問題(**9**)から(**11**)まであります。
2. まずドイツ語の短い文章を 2 回放送します。
3. それを聞いたうえで，その文章の内容を表すのに最も適した絵をそれぞれ **1** ～ **4** から一つ選び，その番号を<u>解答用紙の所定の欄</u>に記入してください。
4. 以下，同じ要領で問題(**11**)まで順次進みます。
5. 最後に，問題(**9**)から(**11**)までのドイツ語の文章をもう一度通して放送します。そのあと，およそ 1 分後に試験終了のアナウンスがあります。試験監督者が解答用紙を集め終わるまで席を離れないでください。
6. メモは自由にとってかまいません。

(**9**)

1　**2**　**3**　**4**

(**10**)

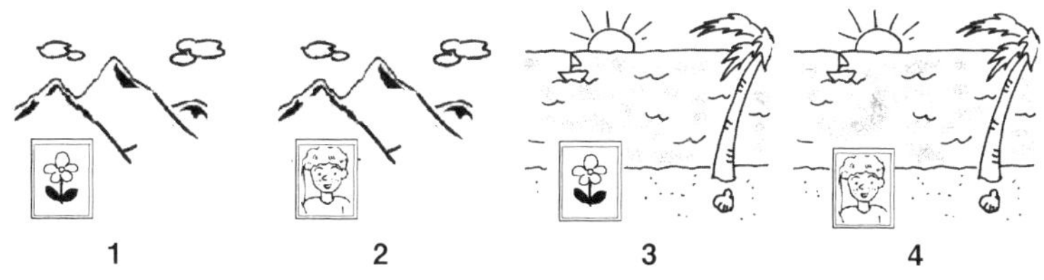

1　**2**　**3**　**4**

(**11**)

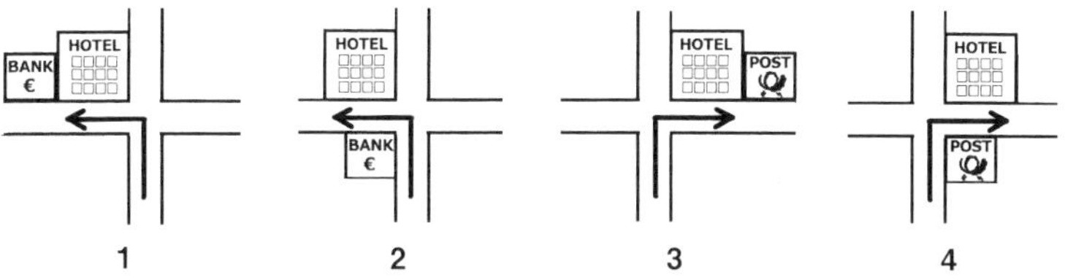

1　**2**　**3**　**4**

4級　　2022年度 夏期 ドイツ語技能検定試験

聞き取り試験 解答用紙

受 験 番 号	氏 名

手書き数字見本
曲げない　すきまを開ける　上につき出す　角をつける　閉じる
0 1 2 3 4 5 6 7 8 9
横線つけない　角をつける　閉じる

【第 1 部】

例	4	(1)		(2)		(3)		(4)	

【第 2 部】

採点欄

(5) Er ______________ ein Zimmer.

(6) Sie braucht nur [ ] Minuten zur Uni.

(7) Das Zimmer hat [ ][ ] Quadratmeter.

採点欄

(8) Das Zimmer wird Ende ________________ frei.

【第 3 部】

(9)		(10)		(11)	

夏期《4級》 ヒントと正解

【筆 記 試 験】

1 発音とアクセント

正 解 **(1) 4 (2) 1 (3) 4 (4) 1**

発音やアクセントの位置，母音の長短，文を読む際の強調箇所に関する問題です。発音の規則とともに，原則にあてはまらない読み方をする語に関する知識が必要となります。

(1) g の発音に関する問題です。g は，語末や音節末に位置しているときは原則として無声音の [k] で，それ以外の位置にあるときには有声音の [g] で発音されます。しかし，二つ以上の単語が合わさってできている合成語で，語中に g が含まれている場合は注意が必要です。選択肢 **1** の Ausflug (遠足) の g は語末に位置しているため，無声音の [k] で発音されます。選択肢 **2** の Mittagessen (昼食) は，Mittag (正午) と Essen (食事) から成る合成語です。合成語は構成要素となっている語の読み方を踏まえて発音するため，Mittagessen の g は無声音の [k] で発音されます。選択肢 **3** の Spielzeug (おもちゃ) の g は，語末に位置しており，無声音の [k] で発音されます。この語も元来は Spiel (遊戯) と Zeug (道具) から成る合成語です。選択肢 **4** の Tagesmenü (日替わりセットメニュー) は，Tag (日) と Menü (定食) が構成要素である合成語です。Tag の g は語末に位置しているため，無声音の [k] で発音されますが，二つの語をつなげるための s を付けるにあたって Tages という形になったことによって g は有声音の [g] で発音されます。したがって，正解は選択肢 **4** です。20.50% の解答が選択肢 **3** を選んでいました。Zeug は元来「道具」という意味ですが，動詞や名詞に付いて「～するもの」という意味になります。この使い方では g が必ず語末に位置するため，g は無声音の [k] で発音されます。[正解率 54.35%]

(2) 語のアクセントの位置に関する問題です。ドイツ語では原則として，語の最初の音節の母音にアクセントが置かれます。しかし，語頭が非分離前つづり (be-, er-, ge- など) である場合や外来語の多くについては，最初の音節にアクセントが置かれません。四つの選択肢のうち，選択肢 **3** の Stufe (段) と選択肢 **4** の

Stunde (時間) はゲルマン語に由来し，もともとドイツ語である語です。そのため，語の最初の音節の母音 u にアクセントが置かれます。選択肢 **1** の Student (大学生) は，ラテン語に由来する語です。接尾辞の -ent は，動詞に付けられて「～する人」を意味する男性名詞を作ります。この接尾辞自体がラテン語に由来しておりアクセントを持ちますので，Student は第 2 音節の母音の e にアクセントが置かれます。したがって，正解は選択肢 **1** です。20.14% の解答が選択肢 **2** を選んでいましたが，Studium (大学での勉学) はラテン語に由来する外来語です。ラテン語は元来，後ろから 2 番目の音節の母音が長ければそこに，短ければそのさらに前の音節の母音にアクセントが置かれます。そのため，Studium は下線部の u にアクセントが位置しており，u は長く読まれます。外来語の発音は個別に覚えるようにしましょう。[正解率 71.28%]

(**3**) 母音の長短に関する問題です。ドイツ語では原則として，アクセントが置かれる母音に続く子音字が一つの場合はその母音を長く，続く子音字が二つ以上であれば短く読みます。しかし，外国語に由来する語であるなどの理由から，この原則があてはまらないものもあります。四つの選択肢はいずれも合成語で，選択肢 **1** の Bratwurst (焼きソーセージ) は動詞 braten (～を焼く) と Wurst (ソーセージ)，選択肢 **2** の Motorrad (オートバイ) は Motor (エンジン) と Rad (車輪)，選択肢 **3** の Rathaus (市役所) は Rat (市参事会) と Haus (家)，そして選択肢 **4** の Weihnachten (クリスマス) は動詞 weihen (～をはらい清める) と Nacht (夜) から成り立っています。合成語は構成要素である語の発音にしたがって発音されますので，選択肢 **1** の Bratwurst の a は，braten の発音を参考とします。braten は a に続く子音字が一つであることから，長く発音されます。選択肢 **2** の Motorrad の a は，Rad の発音に鑑みると続く子音字が一つのため，長く発音されます。選択肢 **3** の Rathaus の下線部 a は，Rat の a が子音字一つの前に位置するため長く発音されます。選択肢 **4** の Weihnachten の a は，Nacht の発音を考えます。Nacht の a は短く発音されますので，下線部 a は短く発音されます。したがって，正解は選択肢 **4** です。ch の前の母音は，語によって長く発音されるものと，短く発音されるものとに分かれますので個別に覚える必要があります。[正解率 68.53%]

(**4**) 文の中で最も強調して発音される語を選ぶ問題です。基本的に，文中で最も重要な情報を提供する語が強調して発音されます。**A** は「きみはドイツ出身？」と尋ねています。これに対し，**B** が「いいえ，しかし私の父がドイツ出身ですよ」と答えています。**B** の返答の中で **A** に伝えたい最も重要な情報は，新しい情報で

ある Vater だと理解できます。したがって，正解は選択肢 **1** です。［正解率 87.01%］

◇この問題は 12 点満点（配点 3 点×4）で，平均点は 8.44 点でした。

1 ここがポイント！

＊発音やアクセントの位置などのドイツ語の基本的な原則を覚えることに加えて，特に頻繁に使われる外来語や非分離前つづりを含む語の発音についての知識を身につけよう！

＊発音する際には，その語がどの語に由来してできたのかについても注意しよう！

＊会話においては重要な情報が何であるかを意識して，それが相手に伝わるように強調して発音するよう心がけよう！

2 動詞と助動詞（現在人称変化）

正解 **(1) 3**　**(2) 4**　**(3) 3**　**(4) 1**

動詞と話法の助動詞の現在人称変化形の作り方を問う問題です。

(1) 動詞 halten（止まる，停車する）の現在人称変化形を問う問題です。動詞 halten は，主語が親称 2 人称単数 du と 3 人称単数 er / sie / es のとき，語幹の母音が a→ä と変化し，du hältst / er hält という形を取ります。したがって，正解は選択肢 **3** です。問題文は「すみません，この列車はシュトゥットガルトに止まりますか？」という意味です。動詞 halten は他にも「（手に）持っている，保つ，（会などを）催す，扱う」など，幅広い意味がありますので，辞書で確認してみましょう。また，選択肢 **2** を選んだ解答が 26.70% ありました。haltet は主語 ihr に対する人称変化形ですので，注意しましょう。［正解率 61.38%］

(2) 動詞 finden（～を…と思う，見つける）の現在人称変化形を問う問題です。問題文は「きみたちはこの小説をどう思う？」という意味です。finden や arbeiten（働く）のように，語幹が d または t で終わる動詞は，主語が親称 2 人称単数 du，3 人称単数 er / sie / es，親称 2 人称複数 ihr のとき，口調を整えるために母音 e をはさみこんでから語尾を付けます。finden は，du findest / er findet / ihr findet と現在人称変化します。したがって，正解は選択肢 **4** です。［正解率 79.14%］

(**3**) 動詞 treten (歩み出る，蹴る) に関する問題です。問題文は，「バッハさんは急いで窓際に歩み寄る」という意味です。動詞 treten は，主語が親称 2 人称単数 du と 3 人称単数 er / sie / es のとき，語幹の母音が e → i と変化し，du trittst / er tritt という形を取ります。したがって，正解は選択肢 **3** です。語幹の母音の変化だけでなく，子音にも注意しましょう。[正解率 68.65%]

(**4**) 話法の助動詞 können (〜できる) の現在人称変化形を問う問題です。können は，主語が単数のとき，語幹の母音が ö → a と変音した上で，ich kann / du kannst / er kann のように変化します。したがって，正解は選択肢 **1** です。問題文は，直訳すれば「私はあなたのために何ができるでしょうか?」という意味ですが，これはお店などで店員が客に対して「いらっしゃいませ，どういったご用件でしょうか?」といったニュアンスで使われることも多いフレーズです。覚えておくとよいでしょう。[正解率 91.42%]

◇この問題は 12 点満点 (配点 3 点×4) で，平均点は 9.03 点でした。

2 ここがポイント！

＊語幹の母音が変化する不規則変化動詞に気をつけよう！

＊話法の助動詞は，日常的にもよく使うものなので，現在人称変化形を確実に覚えよう！

3 冠詞類と代名詞

正 解　(**1**) **4**　(**2**) **4**　(**3**) **2**　(**4**) **4**

冠詞類や代名詞の適切な変化形を問う問題です。冠詞類や代名詞は，性・数・格に応じて形が異なります。変化形を正しく覚えるとともに，冠詞類や代名詞の文中での役割にも注意する必要があります。

(**1**) 定冠詞類の変化形を問う問題です。問題文は「私は自転車を 1 台購入したいです。—どの自転車をあなたは購入したいですか?」という意味だと予想されます。第 1 文で ein Fahrrad が動詞 kaufen の 4 格目的語であることから，Fahrrad が中性単数であることがわかります。第 2 文では第 1 文を受けて主語 Sie (あなた) が「どの自転車の購入を希望するか」と続くことから，第 2 文の Fahrrad は 4 格目的語であると判断できます。四つの選択肢はすべて welcher の変化形であり，中性単数 4 格の定冠詞類の語尾は -es になります。したがって，正解は選択肢 **4** です。なお，選択肢 **2** を選んだ解答が 33.97% ありましたが，これは男性単数 4 格の形であるので，適切ではありません。［正解率 39.93%］

（**2**）所有冠詞の変化形を問う問題です。問題文は「週末にアンナは彼女の両親のもとへ行く」という意味だと予想されます。前置詞 zu は 3 格支配であり，また，Eltern（両親）は複数名詞であることから，空欄には複数 3 格の所有冠詞が入ります。四つの選択肢はすべて ihr（彼女の）の変化形であり，複数 3 格の所有冠詞の語尾は -en になります。したがって，正解は選択肢 **4** です。なお，選択肢 **2** を選んだ解答が 24.67% ありました。［正解率 45.29%］

（**3**）人称代名詞の変化形を問う問題です。問題文は「トビーアスはそのズボンが気に入っています。しかしそのズボンは彼に合っていません」を意味することが予想できます。四つの選択肢には，人称代名詞 er（彼）と sie（彼女／彼ら）の変化形があります。第 2 文の動詞 passen は 3 格の目的語を取ることから，空欄には男性の Tobias と性が同じであり，かつ，3 格である人称代名詞 ihm を入れるのが適切です。したがって，正解は選択肢 **2** です。なお，選択肢 **3** を選んだ解答が 33.73% ありました。［正解率 48.03%］

（**4**）人称代名詞の変化形を問う問題です。選択肢で使用されている語から，問題文は「私は仕事がたくさんあります。どうか私を手伝ってください！」を意味することが予想されます。第 2 文の文頭に動詞 helfen があり，その直後に Sie が続くことから，Sie（あなた）に対して手伝うよう命令（要求）していることがわかります。また，動詞 helfen は 3 格の目的語を取ることから，3 格の人称代名詞を選ぶ必要があります。したがって，正解は選択肢 **4** です。なお，選択肢 **3** を選んだ解答が 28.49% ありました。［正解率 67.46%］

◇この問題は 12 点満点（配点 3 点×4）で，平均点は 6.03 点でした。

3 ここがポイント！

＊名詞の性・数・格に応じた冠詞類の変化を正確に覚えよう！
＊代名詞や冠詞類は動詞や前置詞との関係に応じて形が変化することに注意しよう！

4 語順

正解 **(1) 2**　**(2) 1**　**(3) 3**　**(4) 2**

語順を問う問題です。動詞や話法の助動詞，接続詞の位置など，語順についての基本的な規則に関する知識が問われます。

(1) 動詞の位置を問う問題です。問題文は，並列の接続詞 aber で二つの文が結ばれています。接続詞 aber よりも前の文にはすでに定動詞 studiert があるため，選択肢 **1** は解答から除外されます。並列の接続詞は，後に続く文の語順に影響を与えません。主語である meine Freundin は省略されていますので，aber の直後に定動詞 lernt を置きます。したがって，正解は選択肢 **2** です。問題文は「私の友人は情報学を専攻しているが，スペイン語と中国語も学んでいる」という意味です。［正解率 76.04%］

(2) 問題は，viele の位置を問うもので，この viele がどの単語と結びついているかを見分けることが重要です。この問題では，疑問詞 wie と，その後に続く Bücher と結びついて，「どれくらい多くの本を」という語句が形成されます。したがって，正解は選択肢 **1** です。問題文は「どれくらい多くの本を，生徒たちは家に持っていますか？」という意味です。［正解率 87.84%］

(3) 前置詞 seit の位置を問う問題です。前置詞 seit は「～以来，～前から」という意味で，時間を表す語句とともによく用いられます。したがって，正解は選択肢 **3** です。問題文は「私の祖父は病気で，2 週間前から入院しています」という意味です。選択肢 **2** を選んだ解答が 24.91% ありました。副詞 schon（すでに）も時間を表す語と一緒に使われることが多いですが，前置詞の目的語とはならないので，選択肢 **2** は不正解です。［正解率 62.34%］

(4) 人称代名詞 ihn の位置に関する問題です。この人称代名詞 ihn は男性名詞を受ける 4 格の形で，第 1 文の den Rucksack を指しています。問題文は「パウルはリュックサックを持っている。彼はそれを今風でとても使いやすいと思っている」という意味になります。問題文の定動詞 finden は，名詞 4 格と形容詞を伴い，感想や印象を述べるときに使われます。したがって，正解は選択肢 **2** です。［正解率 80.93%］

◇この問題は 12 点満点（配点 3 点×4）で，平均点は 9.22 点でした。

4 ここがポイント！

＊挿入される単語が問題文のどの単語と結びつくか，よく考えよう！
＊並列の接続詞（und や aber，oder など）はその後に続く文の語順に影響を与えないことを確認しておこう！

5 語彙

正解 **(1) 3　(2) 1　(3) 2　(4) 2**

語彙力を問う問題です。文中の他の語句との関連や，完成させるべき文全体の意味に注意し，状況に応じた適切な語を選ぶ必要があります。

(1) 問題文は「今日は天気が（　　）なります。だから私は家にとどまります」という意味です。主語が天気ですので，空欄には天気を表す形容詞を入れる必要があります。選択肢 **1** の hoch は「高い」，選択肢 **2** の leicht は「軽い，簡単な」，選択肢 **3** の schlecht は「悪い」，選択肢 **4** の teuer は「値段が高い」という意味です。このうち，答えとして成り立つのは選択肢 **3** の schlecht です。したがって，正解は選択肢 **3** です。完成した文は「今日は天気が悪くなります」という意味になります。［正解率 59.12%］

(2) 問題文は「明日は私の息子の誕生日です。彼はきっとたくさんのプレゼントを（　　）」という意味です。空欄に入れるべき動詞と viele Geschenke を組み合わせて「たくさんのプレゼントをもらう」という表現を完成させる必要があると予想されます。選択肢 **1** の bekommt は「もらう」，選択肢 **2** の besucht は「訪問する」，選択肢 **3** の feiert は「祝う」，選択肢 **4** の ruft は「呼ぶ，叫ぶ」という意味です。このうち，答えとして成り立つのは選択肢 **1** の bekommt です。したがって，正解は選択肢 **1** です。完成した文は「彼はきっとたくさんのプレゼントをもらいます」という意味になります。［正解率 55.42%］

(3) 問題文は「食事（　　），私は錠剤を飲むように言われています」という意味です。選択肢はすべて前置詞ですが，錠剤を飲むタイミングを表す前置詞を選択する必要があります。食前は vor dem Essen，食後は nach dem Essen です。vor は選択肢にありません。したがって，正解は選択肢 **2** です。［正解率 61.86%］

(4) 問題文は「すいません，（　　）とトイレ付きのシングルルームは空いていますか？」という意味です。選択肢 **1** の Berg は「山」，選択肢 **2** の Dusche は

「シャワー」，選択肢 **3** の Fluss は「川」，選択肢 **4** の Heft は「ノート」という意味です。ホテルなどの部屋の設備として有無が確認されるものは，トイレと並んで浴室 (Bad) またはシャワー (Dusche) であると考えられます。したがって，正解は選択肢 **2** です。[正解率 56.26%]

◇この問題は 12 点満点 (配点 3 点×4) で，平均点は 6.98 点でした。

5 ここがポイント！

＊身近な単語の意味は，品詞にかかわらずまんべんなく確実に覚えよう！
＊前置詞には場所や方向を表すだけでなく時間を表すものもあるので，基本的な意味は覚えておこう！

6 会話表現

正解　(**1**) **2**　(**2**) **4**　(**3**) **4**　(**4**) **1**

空欄に適切な表現を入れることにより，短い会話を完成させる問題です。文法的な知識に加えて，日常的な場面でよく用いられる慣用的表現の知識も求められます。

(**1**) **A** の発言「調子はどう？」に対する返答として成り立つ表現を選ぶ問題です。選択肢 **1** は「彼は学校へ行きます」，選択肢 **2** は「ありがとう，いいよ」，選択肢 **3** は「私は徒歩で行きます」，選択肢 **4** は「私たちは車で行きます」という意味です。調子を聞かれた際の返答として適切なのは選択肢 **2** です。したがって，正解は選択肢 **2** です。[正解率 74.61%]

(**2**) **A** の発言「私は明日試験があります」に対する **B** の発言として適切な表現を選ぶ問題です。選択肢 **1** は「どうぞ召し上がれ」，選択肢 **2** は「よいご旅行を」，選択肢 **3** は「ありがとうございます」，選択肢 **4** は「成功を祈ります」という意味です。試験の成功を祈る表現として適切なのは選択肢 **4** です。したがって，正解は選択肢 **4** です。選択肢 **2** を選んだ解答が 22.77% ありました。いずれもよく使われるフレーズですのでまとめて覚えておくとよいでしょう。[正解率 53.04%]

(**3**) **A** の発言は「何がご入用でしょうか？」という意味です。選択肢 **1** は「ありがとうございます」，選択肢 **2** は「これはかばんです」，選択肢 **3** は「これはよくありません」，選択肢 **4** は「ブレートヒェンを三つください」という意味です。

A の発言に含まれている wünschen は「望む」という意味の動詞です。この文は，店員が客に要望を聞く際に用いられます。この文に対する客の返答として適切なのは選択肢 **4** です。したがって，正解は選択肢 **4** です。［正解率 63.17%］

（**4**）**B** の返答に合致するよう，**A** の疑問文を完成させる問題です。**B** は「彼は先生だよ」と述べています。選択肢はすべて疑問詞であり，選択肢 **1** の Was は「何が，何を」，選択肢 **2** の Wer は「誰が」，選択肢 **3** の Wie は「どのように」，選択肢 **4** の Wo は「どこに」という意味です。**B** の返答から，**A** は彼，つまり **A** のお父さんの職業を尋ねているものと考えられますので，Was を補うのが適切です。したがって，正解は選択肢 **1** です。完成した **A** の文は「きみのお父さんの職業は何？」という意味になります。［正解率 86.41%］

◇この問題は 12 点満点（配点 3 点×4）で，平均点は 8.33 点でした。

6 ここがポイント！

＊日常会話でよく用いられる挨拶や慣用的表現を覚えよう！
＊疑問詞の種類と用法を確認しよう！

7 テキストの要点の理解（イラスト選択）

正解 (a) **2**　(b) **5**　(c) **7**　(d) **6**　(e) **1**

大学生のナターリエが自分の家族，住んでいる土地，近況などについて記したメールの文章を読んで，内容と一致する絵を選ぶ問題です。

内容：
親愛なるマリ
　お知らせをどうもありがとう。あなたが 8 月に訪問してくれることを，もう今からとても楽しみにしているわ。私は今も両親のもとで暮らしているの。でも，あなたは私たちのところに数日間，遠慮なく滞在してくれていいのよ。
　ところで，私の父のマルティンは教師で，歌がとても上手なの。私の母のゾフィーは医師で，庭仕事が好き。私の兄のレオはパン職人で，すでに結婚しているわ。彼はギターを弾くことが大好き。彼は妻のクリスティーネと近所に暮らしているの。彼らは皆，ぜひあなたと知り合いになりたいと思っているわ。
　私の故郷の街はそれほど大きくはないけれども，とてもきれいなところよ。

ここにはたくさんの自然があるの。例えば私たちのところには湖があってね。そこは自転車に乗るにはうってつけなのよ。私たちは一緒にちょっとしたサイクリングをすることができるわ。あなたもやってみたい？

大学での勉強の他に，今私は週に2回，カフェでウェイトレスのアルバイトをしているの。仕事はとても楽しいわ。でも8月にはたっぷり時間があるわよ。近いうちにまた便りをちょうだいね。

じゃあね
ナターリエ

(**a**) は「誰がとても上手に歌えますか？」という意味です。ナターリエは教師である自分の父親マルティンを紹介する中で，彼は歌がとても上手だと述べています。したがって，中高年の男性が描かれた選択肢 **2** が正解です。［正解率 95.35%］

(**b**) は「ゾフィーの職業は何ですか？」という意味です。ゾフィーはナターリエの母親の名前であり，医師であると説明されています。したがって，白衣を着て聴診器を首にかけている女性が描かれた選択肢 **5** が正解です。［正解率 94.76%］

(**c**) は「レオが大好きなことは何ですか？」という意味です。レオはナターリエの兄（もしくは弟）であり，パン職人をしていると記されています。彼はギターを弾くのが大好きだと説明されていますので，ギターを持った若い男性が描かれた選択肢 **7** が正解です。［正解率 88.80%］

(**d**) は「どこでサイクリングができますか？」という意味です。ナターリエは自分の故郷の街には自然がたくさんあると説明し，湖があることに触れています。その上で，そこは自転車に乗るにはうってつけだと説明しており，マリに「私たちは一緒にちょっとしたサイクリングをすることができる」と提案しています。したがって，湖が描かれた選択肢 **6** が正解です。［正解率 84.51%］

(**e**) は「ナターリエは週に2回何をしていますか？」という意味です。ナターリエは学生ですが，学業と並行して週に2回，カフェでウェイトレスのアルバイトをしていると述べています。したがって，コーヒーカップを載せたお盆を持つ若い女性が描かれた選択肢 **1** が正解です。［正解率 95.47%］

◇この問題は 15 点満点（配点 3 点×5）で，平均点は 13.78 点でした。

7 ここがポイント！

＊人物に関する描写が多いときは，それぞれの人物の名前を確認し，誰に関する記述なのかを整理しながら読むようにしよう！
＊職業名など，基本的な語彙をしっかり覚えよう！
＊長い文章を読む際には，段落ごとに意味のまとまりをしっかりとおさえ，その段落では何が話題になっているかを見失わないように注意しよう！

8 会話文理解

正解 (a) 8　(b) 7　(c) 3　(d) 5　(e) 1

適切な選択肢の文を空欄に入れて，自然な流れの会話文を完成させる問題です。選択肢の文の意味を理解するとともに，空欄の前後の文の意味も把握して，文脈を追いながら空欄に入れるべき選択肢を決定します。テキストは，ユーリアと日本人留学生リカの会話です。最初に，会話文と選択肢の意味を確認します。

内容

リカ：　ねえユーリア，あなたはどこで生まれたの？
ユーリア：(**a**) そこはとても古い街なの。ひょっとしてその街を知っている？
リカ：　ええ，もちろん！ ニュルンベルクはクリスマス市ですごく有名よね。
ユーリア：そのとおり。(**b**)
リカ：　私はちょうど今，ドイツのクリスマス市に関してたくさん読んでいるの。今月末までにそのテーマについてのレポートを書かなければならないのよ。
ユーリア：それは面白いわね。私の家族はまだそこに住んでいて，私は月に1回は家族を訪ねているの。(**c**)
リカ：　よろこんで！ それで，ここミュンヘンからニュルンベルクまではどれくらい時間がかかるの？
ユーリア：(**d**)
リカ：　ああ，そうなの，わかったわ！ (**e**)
ユーリア：そのことは後からメールするわね。

1　いつどこで待ち合わせる？
2　8月8日よ。

3 今週末ニュルンベルクに行きましょう？
4 なぜニュルンベルクに行きたいの？
5 電車に大体 90 分乗るわね。
6 およそ 170 キロメートル。
7 一体どこからそのことを知ったの？
8 ニュルンベルクで。

(**a**)：リカはユーリアに「あなたはどこで生まれたの？」と尋ねています。wo（どこで）と尋ねていますので，それに対するユーリアの返答として適切であるのは場所を述べている表現です。また，(**a**) の後に続くのは Das ist eine sehr alte Stadt.「そこはとても古い街なの」ですから，その前に指示代名詞の das が指す地名が必要です。したがって，正解は選択肢 **8** の「ニュルンベルクで」です。[正解率 90.94%]

(**b**)：ユーリアが，自分が生まれた街がとても古いことを述べ，リカにその街のことを知っているかと尋ねます。リカは「ええ，もちろん！ ニュルンベルクはクリスマス市ですごく有名よね」と答えます。その言葉に対してユーリアが「そのとおり」と言い，それに続くのが (**b**) です。(**b**) の後でリカが「私はちょうど今，ドイツのクリスマス市に関してたくさん読んでいるの」と述べます。このことから (**b**) では，ユーリアがリカに対してニュルンベルクを知っている理由を尋ねていると推測されます。したがって，正解は選択肢 **7** の「一体どこからそのことを知ったの？」です。理由を尋ねる疑問詞としては warum（なぜ）を頻繁に使用しますが，woher（どこから）を用いた表現も確認してください。[正解率 59.71%]

(**c**)：リカはドイツのクリスマス市に関して本を読んでいる理由として，ドイツのクリスマス市についてのレポートを書かなければならないことをユーリアに述べます。ユーリアは，「それは面白いわね。私の家族はまだそこに住んでいて，私は月に 1 回は家族を訪ねているの」と言い，その文に (**c**) が続きます。(**c**) の後でリカは，「よろこんで！」と答えています。つまり，(**c**) ではユーリアからリカに対して何らかの提案がなされていることが理解できます。したがって，正解は選択肢 **3** の「今週末ニュルンベルクに行きましょう？」です。[正解率 69.96%]

(**d**)：リカはユーリアに「それで，ここミュンヘンからニュルンベルクまではどれくらい時間がかかるの？」と尋ね，それに続くのが (**d**) です。Wie lange dauert es ...?（どれくらい時間がかかる？）という表現を確認しましょう。したがって，ユーリアがミュンヘンからニュルンベルクまでの所要時間を答えている，

選択肢 **5** の「電車に大体 90 分乗るわね」が正解です。46.48% の解答が選択肢 **6** を選んでいましたが，選択肢 **6** は距離を表現しています。[正解率 47.32%]

(**e**)：ミュンヘンからニュルンベルクまでの所要時間に関する会話の後，リカの発言 (**e**) が続きます。それに対してユーリアは「そのことは後からメールするわね」と述べます。動詞 schreiben (～を書く) が使われていますが，「メールで書く」と解釈でき，指示代名詞 das (そのこと) の内容が何であるかを考えます。会話の流れを考えると，ユーリアとリカは一緒にニュルンベルクへ行くことに決め，締めくくりとして待ち合わせに関して相談していると推測することができます。したがって，正解は選択肢 **1** の「いつどこで待ち合わせる？」です。[正解率 52.44%]

◇この問題は 15 点満点 (配点 3 点×5) で，平均点は 9.62 点でした。

8 ここがポイント！

＊最初に文全体の内容を把握しよう！
＊空欄の前後の文の種類に注意しよう！ 特に文頭に動詞の定形がある決定疑問文ならば，それに続く返答は ja / nein / doch で始まる文であることが多く，疑問詞で始まる補足疑問文であれば，返答の文が疑問詞に対応する情報を含むことを手がかりとしよう！
＊Woher weißt du ...? (～をどこから知ったの？) や，Wie lange dauert es ...? (どれくらい時間がかかる？) などの疑問の表現を覚えよう！

9 テキストの正確な理解 (日本語文選択)

正解　**1，5，6，7** (順序は問いません)

ある程度の長さのまとまったテキストを読み，その要点を正しく理解できるかどうかを問う問題です。テキスト中の表現を正確に読み解いた上で，選択肢の内容の正誤を判断することが求められます。

内容：

ミアは 16 歳です。彼女の母親ユキは東京出身です。父親のウーヴェはボンの出身で，ドイツ語の先生として東京で働いています。彼は家でいつもドイツ語を話しているので，ミアは日本語もドイツ語も話すことができます。8 月から彼女はボンの祖父母の家に住んでいて，1 年間そこのギムナジウムに通います。ドイツでの生活をミアは気に入っていますが，日本での生活とは少し違っています。

ミアはギムナジウムで 10 年生のクラスにいます。彼女のクラスには 30 人の生徒がいます。彼らは皆積極的で授業でもたくさん話をしています。そういうことをミアはまだ上手にできません。ミアの先生であるヴィーラント先生はとても親切で，ミアをいつも助けてくれます。

彼女のギムナジウムには制服がありません。ですから，彼女は朝，長いあいだ鏡の前に立って思案します。今日は何を着たらよい？ 今日はどの服が合う？

ミアはブラウスとスカートを着るのが好きですが，ここドイツでは多くの女子生徒がズボンを着用しています。だから彼女もよくズボンを履いています。ときどき，彼女は洋服屋へ行きズボンを探すことがあります。ですが，ドイツの服は彼女はあまり気に入りません。

【語彙】Deutschlehrer: ドイツ語の先生　zu Hause: 自宅で，家で　bei ihren Großeltern: 彼女の祖父母の家で　Gymnasium: ギムナジウム　anders als 〜：〜と異なって　Unterricht: 授業　Schulkleidung: 制服　morgens: 朝に　Spiegel: 鏡　an|ziehen: 着る，身につける　passen: 似合う，ふさわしい　tragen: 身につけている　Kleidergeschäft: 洋服屋　suchen: 探す

選択肢 **1** は，本文第 3 行「ミアは日本語もドイツ語も話すことができます」と合致するので，正解です。［正解率 97.85%］選択肢 **2** は，本文第 3 〜 4 行「8 月から彼女はボンの祖父母の家に住んでいて」と矛盾するので，不正解です。選択肢 **3** は，本文第 5 〜 6 行に「日本での生活とは少し違っています」と書かれており，日本との暮らしの違いを感じていることがわかるので，不正解です。選択肢 **4** は，本文第 9 行に「そういうことをミアはまだ上手にできません」とあります。この箇所のドイツ語の das は前文を指しており，具体的には，他のクラスメイトが積極的で授業中でも多く発言することを指しています。そのため，テキストの内容に合致しないので，不正解です。選択肢 **5** は，本文第 9 行に Herr Wieland が der Lehrer の言い換えとして出てくるので正解です。［正解率 88.68%］選択肢 **6** は，本文第 11 行「彼女のギムナジウムには制服がありません」と合致するので，正解です。［正解率 82.84%］選択肢 **7** は，本文第 15 行「だから彼女もよくズボンを履いています」と合致するので，正解です。［正解率 52.68%］選択肢 **8** は，本文では洋服のサイズのことには触れられていないので，不正解です。

◇この問題は 12 点満点（配点 3 点×4）で，平均点は 9.66 点でした。

9 ここがポイント！

＊テキストの重要なキーワードに注意して，テキストの内容を読み取ろう！
＊接続詞に注意して，文の流れを把握しながら読み解こう！
＊わからない単語があっても落ち着いて，日本語の選択肢も手がかりにして本文を読んでいこう！

【聞き取り試験】

第1部 会話表現理解（流れが自然なものを選択）

正解 （1） **2**　（2） **3**　（3） **3**　（4） **3**

放送された4通りの短い会話を聞き，流れが最も自然であるものを選ぶ問題です。文字や絵などの視覚情報を手がかりとすることなく，質問などの発話とそれに続く発話を正確に聞き取った上で，相互の内容的なつながりを確認する必要があります。また，そのためには，イントネーション，アクセント，個々の母音や子音の発音などに関する適切な理解も求められます。

なお，4通りの会話において，先行する発話の部分はすべて同じです。以下では，最初にこの共通部分を，次いで後続する4通りの発話の部分を示します。

放送　問題**1**:　Wie findest du das Buch?

選択肢:　**1**　Das ist lecker.

2　Ich finde das Buch nicht gut.

3　Ich finde meine Brille nicht.

4　Mir geht es nicht gut.

「きみはその本をどう思う？」という質問に対して，選択肢**1**では「これはおいしいです」，選択肢**2**では「私はその本をいいと思いません」，選択肢**3**では「私は自分のメガネを見つけられません」，選択肢**4**では「私は調子がよくないです」と答えています。「その本についてどのように思うか」という本について感想を問う質問に対し，選択肢**1**，選択肢**3**，選択肢**4**は質問の返答として自然ではありません。一方，選択肢**2**は「その本はよくないと思う」と本の感想を述べていて自然な問答を成立させています。したがって，正解は選択肢**2**です。なお，選択肢**3**を選んだ解答が13.23%ありました。［正解率75.33%］

放送　問題**2**:　Wollen Sie Lehrer werden?

選択肢:　**1**　Ja, ich bin Japaner.

2　Ja, ich fahre an die Uni.

3　Nein, ich will Arzt werden.

4　Nein, sie will nicht.

「あなたは教師になりたいのですか？」という質問に対して，選択肢**1**では「はい，私は日本人です」，選択肢 **2** では「はい，私は大学へ行きます」，選択肢 **3** では「いいえ，私は医者になりたいです」，選択肢 **4** では「いいえ，彼女はなりたくありません」と答えています。「あなたは教師になりたいか」という質問に対する返答として選択肢 **1**，選択肢 **2**，選択肢 **4** は適切でないのに対し，選択肢 **3** だけが自然な返答となっています。したがって，正解は選択肢 **3** です。なお，選択肢 **4** を選んだ解答が 14.78% ありました。[正解率 65.44%]

放 送　問題 **3**:　Wo kann ich einen Ring kaufen?

選択肢:　**1**　13 Euro.

　　2　Herr Meyer.

　　3　Im Kaufhaus.

　　4　Um sieben Uhr.

「どこで指輪を買えますか?」という質問に対して，選択肢 **1** では「13 ユーロです」，選択肢 **2** では「マイアーさんです」，選択肢 **3** では「デパートで」，選択肢 **4** では「7 時に」と答えています。「どこで指輪を買えるか」という質問に対する適切な返答は選択肢 **3** だけです。したがって，正解は選択肢 **3** です。[正解率 85.70%]

放 送　問題 **4**:　Was isst du zu Mittag?

選択肢:　**1**　Du isst ein Brot.

　　2　Er ist nett.

　　3　Ich esse Fisch.

　　4　Sie isst eine Tomatensuppe.

「きみはお昼に何を食べるの?」という質問に対して，選択肢 **1** では「きみはパンを食べます」，選択肢 **2** では「彼は親切です」，選択肢 **3** では「私は魚を食べます」，選択肢 **4** では「彼女はトマトスープを食べます」と答えています。「きみは何を食べるのか」という問いに対する適切な返答は選択肢 **3** だけです。したがって，正解は選択肢 **3** です。[正解率 82.96%]

◇この問題は 12 点満点 (配点 3 点×4) で，平均点は 9.29 点でした。

第1部　ここがポイント！

＊疑問文を聞き取る場合は，何が問われているのか疑問詞や主語，目的語を注意深く聞こう！

＊人称代名詞 Sie / sie が疑問文にある場合，それが敬称 2 人称の Sie なの

か3人称単数の sie なのか3人称複数の sie なのかを動詞から正確に聞き分けよう！

第2部 テキストの重要情報の聞き取りと記述

正解 **(5) sucht (6) 5 (7) 18 (8) Oktober**

放送された会話を聞き，その内容に関する質問に単語や数字で答える問題です。質問もドイツ語で放送されます。

放送

A: Hallo Jan, was machst du?

B: Oh, hallo Lea! Ich suche ein Zimmer. Ich brauche immer 40 Minuten bis zur Uni. Das ist zu lang.

A: Du hast Glück. Bei uns wird ein Zimmer frei.

B: Wirklich?! Wohnst du in der Nähe von der Uni?

A: Ja, ich brauche nur fünf Minuten zu Fuß zur Uni.

B: Sehr schön. Wie groß ist das Zimmer?

A: Das Zimmer hat 18 Quadratmeter.

B: Und die Miete? Was kostet das Zimmer?

A: 260 Euro.

B: Perfekt! Und wann wird es frei?

A: Ende Oktober. Komm doch mal vorbei.

B: Gerne!

内容

A: あらヤン，何をしているの？

B: ああ，やあレア！ 部屋を探しているんだ。大学までいつも40分かかるんだよ。時間がかかりすぎる。

A: 運がいいね。私たちのところ一部屋空くよ。

B: 本当？ 大学の近くに住んでいるの？

A: うん，大学まで歩いてたった5分だよ。

B: 素晴らしい。部屋の広さはどのくらい？

A: 18㎡。

B: それで家賃は？ その部屋はいくら？

A: 260 ユーロ。
B: 完璧だ。部屋はいつ空くの？
A: 10 月末。一度おいでよ。
B: ぜひ！

【語彙】Glück haben: 運がいい　zu Fuß: 徒歩で　vorbei|kommen: 立ち寄る

放送　問題 **5**:　Was macht Jan jetzt?
質問は「ヤンは今何をしていますか？」という意味です。レア (**A**) の第 1 発言の「何をしているの？」という質問に対し，ヤン (**B**) は「部屋を探しているんだ」と答えています。解答用紙には Er ________ ein Zimmer.（彼は部屋を________）と記載されているため，所定欄に「探す」を意味する動詞を書き取る必要があります。したがって，正解は **sucht** です。suchet や zucht などのつづり間違いがありました。［正解率 47.85%］

放送　問題 **6**:　Wie lange braucht Lea zur Uni?
質問は「レアは大学まで行くのにどのくらいかかりますか？」という意味です。ヤン (**B**) は第 2 発言で「大学の近くに住んでいるの？」と聞いています。それに対しレア (**A**) は「うん，大学まで歩いてたった 5 分だよ」と答えています。解答用紙には Sie braucht nur □ Minuten zur Uni.（彼女は大学に行くのに□分しかかかりません）と記載されています。空欄には大学に行くのに必要な時間である 1 桁の数字を記入するのが適切です。したがって，正解は **5** です。［正解率 89.63%］

放送　問題 **7**:　Wie groß ist das Zimmer?
質問は「その部屋はどのくらいの広さですか？」という意味です。ヤン (**B**) の第 3 発言の「部屋の広さはどのくらい？」という質問に対し，レア (**A**) は「18㎡」と答えています。解答用紙の Das Zimmer hat □□ Quadratmeter.（その部屋は□□ ㎡ です）の空欄には部屋の広さを表す 2 桁の数字を記入するのが適切です。したがって，正解は **18** です。［正解率 76.40%］

放送　問題 **8**:　Wann wird das Zimmer frei?
質問は「その部屋はいつ空きますか？」という意味です。ヤン (**B**) の第 5 発言の「部屋はいつ空くの？」という質問に対し，レア (**A**) は「10 月末」と答えています。解答用紙には Das Zimmer wird Ende ________ frei.（その部屋は

＿＿＿＿＿末に空きます）と記載されています。所定欄には部屋が空く月名を書き取る必要があります。したがって，正解は **Oktober** です。October と英語でつづっている解答が多く見られました。月名に関しては，英語とドイツ語でつづりや発音が似たものも多く覚えやすい反面，Oktober や Dezember など 1 文字違いのものもありますので，正確に覚えておく必要があります。［正解率 41.65%］

◇この問題は 16 点満点（配点 4 点×4）で，平均点は 10.23 点でした。

第2部 ここがポイント！

＊単語のつづりはしっかりと覚えよう！ 月や曜日などの基本的な単語は正確に書けるようにしておこう！
＊ドイツ語では，名詞は文頭・文中を問わず大文字で書き始めることに注意しよう！
＊数字は注意深く聞き取ろう！

第3部 短い文章／会話文の聞き取り

正解　（**9**）**4**　（**10**）**1**　（**11**）**3**

放送された短いテキストを聞き，その内容を表すのに最も適した絵を「解答の手引き」から選択する問題です。正確な聞き取り能力が求められます。

放送　問題 **9**: Und nun das Wetter. In Hamburg regnet es schon seit drei Tagen. Keine Sonne, kein Wind.

内容：では，お天気です。ハンブルクでは，すでに 3 日雨が降り続いています。太陽は出ておらず，風もありません。

この問題では，太陽が照っている様子を描いた選択肢 **1** を選択した解答が 16.81%，風が吹いている様子を描いた選択肢 **2** を選択した解答が 13.23% ありました。しかし，問題文をよく聞くと，太陽が出ていることも，風が吹いていることも否定されていることがわかります。したがって，雨が降っている様子を示している選択肢 **4** が正解です。［正解率 58.16%］

放送　問題 **10**: Wir wollen im Urlaub in die Berge fahren. Da möchten wir viele Blumen fotografieren.

内容：私たちは休暇に山へ出かけるつもりです。そこでたくさんの花の写真を撮りたいと思っています。

この問題では，休暇先が山か海か，被写体が花か人物かを聞き分けることがポイントになります。山と花の写真を描いた選択肢 **1** が正解です。選択肢 **2** を選択した解答が 14.06% ありましたが，「花の写真を撮る」と音声にあるので，解答としては不適切です。［正解率 66.63%］

放 送　問題 **11**:　Das Hotel „Regina"? Gehen Sie hier geradeaus, dann nach rechts. Das Hotel steht neben der Post.

内容:　レギーナ・ホテルですか？ ここをまっすぐ行って，それから右に行ってください。そのホテルは郵便局の隣にあります。

この問題では，道を右折するか左折するか，そしてホテルと郵便局との位置関係が聞き取りのポイントになります。イラストで右折を示し，ホテルと郵便局を隣に描いている選択肢 **3** が正解です。［正解率 93.21%］

◇この問題は 9 点満点（配点 3 点×3）で，平均点は 6.55 点でした。

第 3 部　ここがポイント！

＊イラストに関わる数やキーワードを正しく聞き取ろう！

＊日頃から日常生活に関わるさまざまな語（食べ物，衣服など）に触れて語彙力を身につけ，発音もできるようにしよう！

2022年度 冬期 ドイツ語技能検定試験

4級

筆記試験　問題

（試験時間　60 分）

出題は新しい正書法（単語のつづり方などに関する規則）に従います。解答は新旧いずれの方式でも認めます。

——— 注　意 ———

■受験票と机の上の受験番号が同じであることを確認してください。

■携帯電話，スマートフォン，スマートウォッチ等の電子機器類は電源を切り，カバン等にしまってください。机の上に置いてはいけません。

■中途退場は認めません。退場は試験放棄となります。

①問題冊子は試験開始の合図があるまで，開いてはいけません。

②問題冊子は表紙・裏表紙を含めて 8 ページあります。
余白は下書き・メモ用に使ってかまいません。

③試験監督者の指示に従って，解答用紙の所定の欄に，受験番号・氏名を記入してください。

④解答は黒の HB の鉛筆で強めに記入してください。
書き直す場合には，消しゴムできれいに消してから記入してください。

⑤解答はすべて解答用紙の指定された箇所に記入してください。

⑥記入する数字は，下記の見本に従って書いてください。

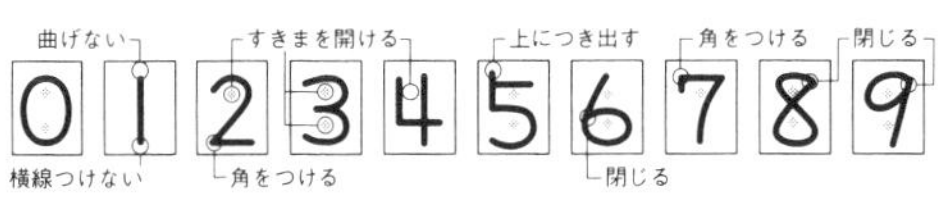

■試験が終わっても，指示があるまで席を立たないでください。

■解答用紙は持ち帰ってはいけません。

■この問題冊子の無断転載，無断複製を禁じます。

1

次の **(1)** ～ **(4)** の条件にあてはまるものが各組に一つずつあります。それを下の **1** ～ **4** から選び，その番号を解答欄に記入しなさい。

(1) 下線部の発音が他と異なる。

1 lächeln　**2** lachen　**3** rauchen　**4** suchen

(2) 下線部にアクセント（強勢）がない。

1 Honig　**2** Mode　**3** Moment　**4** Wolke

(3) 下線部が長く発音される。

1 Insel　**2** Lektion　**3** Lebensmittel　**4** Reisepass

(4) 問い **A** に対する答え **B** の下線の語のうち，通常最も強調して発音される。

A: Entschuldigung, gibt es hier einen Supermarkt?
B: Ja, da hinten finden Sie einen Supermarkt.

1 hinten　**2** finden　**3** Sie　**4** Supermarkt

2

次の **(1)** ～ **(4)** の文で（　　）の中に入れるのに最も適切なものを下の **1** ～ **4** から選び，その番号を解答欄に記入しなさい。

(1) Frau Weber, vielen Dank für Ihre Antwort. Das (　　) mir sehr.

1 helfe　**2** helft　**3** hilfst　**4** hilft

(2) Herr Petry, was (　　) Musik für Sie? – Musik ist mein Leben.

1 bedeute　**2** bedeuten　**3** bedeutest　**4** bedeutet

(3) Kinder, (　　) nach Hause! Es wird bald Abend.

1 geh　**2** gehen　**3** gehst　**4** geht

(4) Tom ist noch nicht da. (　　) ich ihn anrufen?

1 Soll　**2** Sollen　**3** Sollst　**4** Sollt

3

次の (1) ~ (4) の文において (　　) の中に入れるのに最も適切なものを，下の 1 ~ 4 から選び，その番号を解答欄に記入しなさい。

(1) Morgen hat mein Sohn Geburtstag. – Und was schenkst du (　　)?
1 ihm　　2 ihn　　3 ihnen　　4 ihr

(2) (　　) besuchst du am Wochenende? – Meine Eltern.
1 Wem　　2 Wen　　3 Wer　　4 Wessen

(3) Im Klassenzimmer sitzt Anna neben (　　) Bruder.
1 meinem　　2 meinen　　3 meiner　　4 meines

(4) Das Wörterbuch (　　) Schülers ist dick und schwer.
1 diesem　　2 diesen　　3 dieser　　4 dieses

4

次の (1) ~ (4) の文で (　　) 内の語を挿入して文を完成させる場合，最も適切な箇所はどこですか。[1] ~ [4] から選び，その番号を解答欄に記入しなさい。ただし，文頭の語でも，小文字で表記している場合があります。

(1) (machen)
Markus und Tim sind gute Freunde. Und [1] sie [2] immer alles [3] zusammen [4] .

(2) (Hotel)
Welches [1] kannst du [2] mir [3] empfehlen [4] ?

(3) (zu)
Ich nehme meine Jacke mit. Im Flugzeug [1] ist es [2] mir [3] immer [4] kalt.

(4) (möchten)
Haben Sie noch Hunger? [1] Sie vielleicht [2] noch mehr [3] Nudeln [4] ?

5 次の (**1**) ～ (**4**) の文で (　　) の中に入れるのに最も適切なものを下の **1** ～ **4** から選び，その番号を解答欄に記入しなさい。

(**1**) Was ist los? Geht es dir nicht gut? – Mein Kopf tut so (　　).
1 gut　　**2** hart　　**3** viel　　**4** weh

(**2**) Die Hose (　　) mir nicht. Ich habe Größe 34.
1 passt　　**2** probiert　　**3** stellt　　**4** trägt

(**3**) Welches Fußballspiel kommt heute im Fernsehen? – Deutschland (　　) Japan.
1 durch　　**2** gegen　　**3** ohne　　**4** zu

(**4**) Es regnet, aber ich habe heute keinen (　　).
1 Brief　　**2** Kugelschreiber
3 Schirm　　**4** Stadtplan

6 次の (**1**) ～ (**4**) の会話が完成するように，(　　) の中に入れるのに最も適切なものを下の **1** ～ **4** から選び，その番号を解答欄に記入しなさい。

(**1**) **A**: Wie ist das Wetter in München?
B: (　　).
1 Es ist fleißig　　**2** Es ist frei
3 Es ist leer　　**4** Es ist windig

(**2**) **A**: Eine Fahrkarte von Köln nach Hamburg, bitte.
B: (　　) oder einfach?
1 An und zurück　　**2** Her und zurück
3 Hin und zurück　　**4** Vor und zurück

(**3**) **A**: Schmeckt Ihnen die Suppe?
B: (　　).
1 Danke, gleichfalls　　**2** Ja, gern
3 Ja, sehr gut　　**4** Nein, danke

(**4**) **A**: Wie lange brauchen Sie bis zur Arbeit?
B: (　　).
1 Eine halbe Stunde　　**2** Fünf Kilometer
3 Morgen　　**4** Nach Potsdam

7 以下は，一年ぶりにハンブルクを訪ねる，ドイツ留学中のマミに宛てたLuisaのメールです。このメールを読んで，次の**1**～**5**の中で内容に当てはまるものに**1**を，当てはまらないものに**2**を解答欄に記入しなさい。

Von: Luisa
An: Mami
Betreff: Gute Reise!
Am: 09.11.2022

Liebe Mami,

morgen kommst du endlich in Hamburg an. Ich warte am Ausgang vom Flughafen auf dich. Ich komme mit dem Auto. Wir fahren dann zusammen zu meiner Wohnung. Dein Zimmer bei mir ist schon fertig. Es ist nicht groß, aber es gibt schon alle Möbel. Am Abend können wir essen gehen. Es gibt ein gutes Fischrestaurant in der Nähe meiner Wohnung. Du isst doch immer Fisch.

Am nächsten Tag muss ich leider arbeiten, denn es ist Freitag. Ich gebe dir den Wohnungsschlüssel. Dann kannst du in die Stadt gehen oder spazieren gehen.

Am Samstag will ich eine kleine Party machen und lade vier Freunde ein. Lena und Thomas kennst du schon. Die anderen zwei Freunde heißen Emma und Marco. Sie möchten dich gern kennenlernen. Ich mache für alle Pizza. Ich habe gute Weine zu Hause. Das wird bestimmt toll.

Gute Reise und bis morgen am Flughafen!

Liebe Grüße
Luisa

1 Mami kommt am 10. November in Hamburg an.

2 In Hamburg wohnt Mami in einem Hotel.

3 Mami isst keinen Fisch.

4 Am Donnerstag will Luisa mit Mami in ein Restaurant gehen.

5 Luisa muss noch einen Wein kaufen.

8 以下は，ボンに来たばかりのリョウコが，あるパーティーで知り合った女性（Heike）とかわしている会話です。空欄（ **a** ）～（ **e** ）に入れるのに最も適切なものを下の **1** ～ **8** から選び，その番号を解答欄に記入しなさい。

Heike: Hallo, ich bin Heike. Wie heißt du und woher kommst du?
Ryoko: Ich heiße Ryoko und komme aus Japan.
Heike: Studierst du in Bonn?
Ryoko: Nein. (**a**) Und du?
Heike: Ich wohne hier in Bonn, aber arbeite bei einer Firma in Köln.
Ryoko: In Köln? (**b**)
Heike: Ich fahre mit der Bahn von Bonn nach Köln.
Ryoko: (**c**)
Heike: Ungefähr 30 Minuten. Köln ist nicht so weit weg. Kennst du die Stadt?
Ryoko: (**d**)
Heike: Köln ist sehr schön. Und gleich beim Hauptbahnhof gibt es den Kölner Dom. Der ist sehr berühmt. (**e**)

1 Wie lange fährt man bis nach Köln?

2 Wie kommst du zur Arbeit?

3 Nein, das esse ich zum ersten Mal.

4 Mit wem arbeitest du?

5 Du musst ihn unbedingt einmal sehen!

6 Ich lerne hier an einer Sprachschule Deutsch.

7 Du musst unbedingt eine Prüfung machen!

8 Nein, ich kenne die Stadt noch nicht.

9 次の文章は Andreas の誕生日プレゼントについて書かれたものです。内容に合うものを下の **1** ~ **8** から四つ選び，その番号を解答欄に記入しなさい。ただし，番号の順序は問いません。

Andreas hat bald Geburtstag. Er wird zehn Jahre alt. Zum Geburtstag bekommen seine Freunde Computerspiele, Fahrräder oder Handys. Aber er möchte etwas anderes. Er will einen Hund.

Seine Mutter möchte keinen Hund. Denn man muss dem Hund Essen und Trinken geben. Man muss auch jeden Tag mit dem Hund spazieren gehen und manchmal zum Arzt gehen. Sie glaubt, Andreas ist noch zu jung und kann das alles noch nicht machen. Hunde kosten auch viel Geld.

Sein Vater findet einen Hund für Andreas gut. Er soll dann jeden Tag früh aufstehen, und mit dem Hund spazieren gehen. Und er soll auch Bücher über das Tier lesen. Der Vater geht nächstes Wochenende mit Andreas zum Tierheim*. Dort gibt es viele Hunde. Die Hunde suchen eine neue Familie. Zuerst soll Andreas dort viel über das Leben der Tiere lernen. Danach sprechen Andreas und seine Eltern noch einmal über sein Geburtstagsgeschenk.

*Tierheim: 動物保護施設

1 アンドレアスは現在 10 歳である。

2 アンドレアスの友達には，携帯電話を誕生日にもらう人もいる。

3 アンドレアスの母は，健康のために散歩に行きたいと思っている。

4 アンドレアスの母は，アンドレアスは犬の世話をするにはまだ幼いと思っている。

5 アンドレアスの父は，アンドレアスが犬を飼うことに賛成である。

6 アンドレアスの父は，毎朝早起きをして散歩に行く。

7 アンドレアスの父は，アンドレアスが動物に関する本を読むべきだと考えている。

8 アンドレアスと彼の両親は，来週末に動物保護施設で犬をもらってくる。

4級　2022年度 冬期 ドイツ語技能検定試験

筆記試験 解答用紙

受験番号	氏　名

手書き数字見本

0 1 2 3 4 5 6 7 8 9

曲げない　横線つけない　すきまを開ける　角をつける　上につき出す　閉じる　角をつける　閉じる

1	(1)		(2)		(3)		(4)	
2	(1)		(2)		(3)		(4)	
3	(1)		(2)		(3)		(4)	
4	(1)		(2)		(3)		(4)	
5	(1)		(2)		(3)		(4)	
6	(1)		(2)		(3)		(4)	

7	1		2		3		4		5	
8	a		b		c		d		e	

9				

13

2022年度 冬期 ドイツ語技能検定試験

4級

聞き取り試験　解答の手引き

（試験時間　約25分）

出題は新しい正書法（単語のつづり方などに関する規則）に従います。解答は新旧いずれの方式でも認めます。

—— 注　意 ——

■受験票と机の上の受験番号が同じであることを確認してください。

■携帯電話，スマートフォン，スマートウォッチ等の電子機器類は電源を切り，カバン等にしまってください。机の上に置いてはいけません。

■中途退場は認めません。

①指示があるまでページを開いてはいけません。

②聞き取り試験は3部から成り立っています。

③試験監督者の指示に従って，解答用紙の所定の欄に，受験番号・氏名を記入してください。

④放送の指示でページを開き，解答のしかたをよく読んでください。

⑤解答は黒のHBの鉛筆で強めに記入してください。
書き直す場合には，消しゴムできれいに消してから記入してください。

⑥解答はすべて試験時間内に解答用紙の指定された箇所に記入してください。

⑦記入する数字は，下記の見本に従って書いてください。

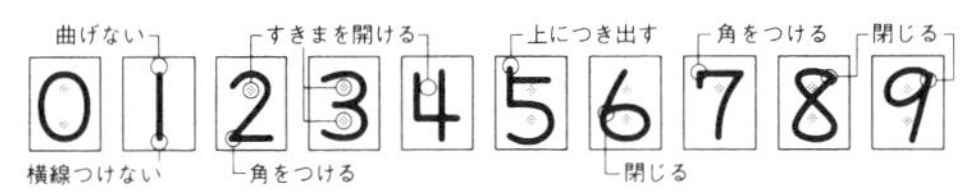

⑧アルファベットは大文字と小文字の判別ができるようにはっきりと書いてください。

■試験が終わっても，指示があるまで席を立たないでください。

■解答用紙は持ち帰ってはいけません。

■この問題冊子の無断転載，無断複製を禁じます。

14

第 1 部　Erster Teil

1. 第 1 部は，問題（**1**）から（**4**）まであります。
2. 各問題において，それぞれ四つの短い会話 **1** ～ **4** を放送します。間隔をおいてもう一度放送します。
3. すべての会話を聞いたうえで，会話として最も自然なものを選び，その番号を解答用紙の所定の欄に記入してください。
4. 以下，同じ要領で問題（**4**）まで順次進みます。
5. メモは自由にとってかまいません。
6. 問題を始める前に，放送で解答のしかたを説明します。その説明の中で例を示します。

【注意】（解答は解答用紙に記入してください。）

（**1**）　**1**　　**2**　　**3**　　**4**

（**2**）　**1**　　**2**　　**3**　　**4**

（**3**）　**1**　　**2**　　**3**　　**4**

（**4**）　**1**　　**2**　　**3**　　**4**

15

第 2 部　Zweiter Teil

1. 第 2 部は，問題（**5**）から（**8**）まであります。
2. まずドイツ語の会話を放送し，内容についての質問（**5**）から（**8**）を放送します。それをもう一度放送します。
3. それを聞いたうえで，（**6**）と（**8**）には算用数字を，（**5**）と（**7**）には適切な一語を，解答用紙の所定の欄に記入してください。なお，単語は大文字と小文字をはっきり区別して書いてください。
4. 最後に全体を通して放送します。
5. メモは自由にとってかまいません。

（**5**）　Die Frau fragt: „Was machen Sie in der ____________?“

（**6**）　Er ist □□ Jahre alt.

（**7**）　Es macht ____________ und ist auch gesund.

（**8**）　Er spielt seit □ Jahren Tennis.

16

第 3 部　Dritter Teil

1. 第 3 部は，問題 (**9**) から (**11**) まであります。
2. まずドイツ語の短い文章を 2 回放送します。
3. それを聞いたうえで，その文章の内容を表すのに最も適した絵をそれぞれ **1** ～ **4** から一つ選び，その番号を解答用紙の所定の欄に記入してください。
4. 以下，同じ要領で問題 (**11**) まで順次進みます。
5. 最後に，問題 (**9**) から (**11**) までのドイツ語の文章をもう一度通して放送します。そのあと，およそ 1 分後に試験終了のアナウンスがあります。試験監督者が解答用紙を集め終わるまで席を離れないでください。
6. メモは自由にとってかまいません。

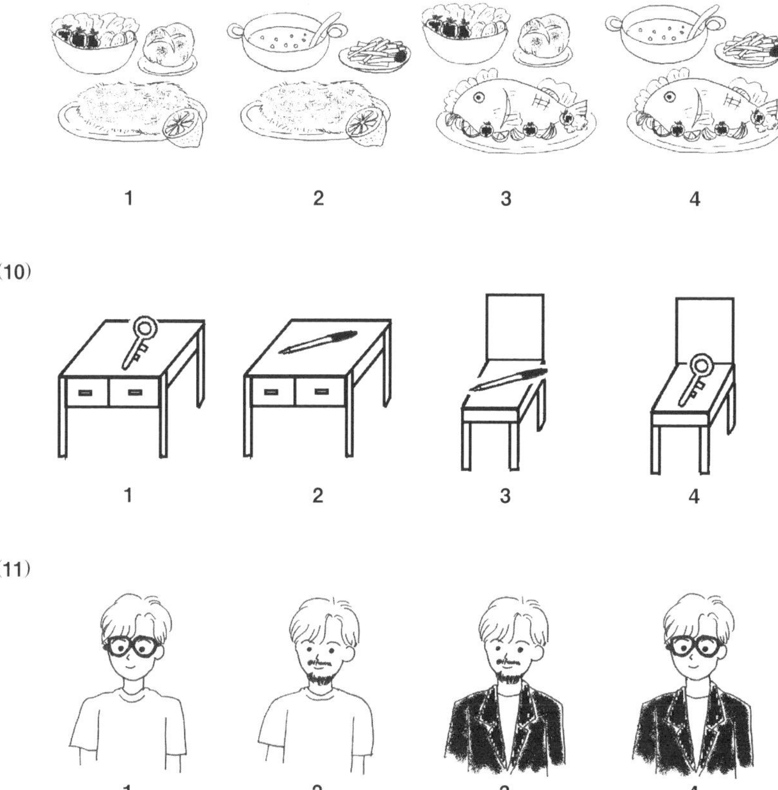

4級

2022年度 冬期 ドイツ語技能検定試験

聞き取り試験 解答用紙

受験番号	氏　　名

手書き数字見本

曲げない　すきまを開ける　上につき出す　角をつける　閉じる

0 1 2 3 4 5 6 7 8 9

横線つけない　角をつける　閉じる

【第 1 部】

例	4	(1)		(2)		(3)		(4)	

【第 2 部】

(5)	Die Frau fragt: „Was machen Sie in der ＿＿＿＿＿＿ ?“

採点欄

(6)	Er ist □□ Jahre alt.

(7)	Es macht ＿＿＿＿＿＿ und ist auch gesund.

採点欄

(8)	Er spielt seit □ Jahren Tennis.

【第 3 部】

(9)		(10)		(11)	

冬期《4級》 ヒントと正解

【筆 記 試 験】

1 発音とアクセント

正 解 (1) 1 (2) 3 (3) 3 (4) 1

発音，アクセントの位置，母音の長短，文中で強調して発音される語に関する問題です。発音の基本的な規則についての知識や，簡単な会話内容を把握する能力が必要とされます。

(1) ch の発音に関する問題です。この ch の読み方には 2 通りあり，基本的には母音 a，o，u，au の次では [x] と発音します。その他の場合は [ç] と発音します。選択肢 **2** の lachen（笑う），選択肢 **3** の rauchen（喫煙する），選択肢 **4** の suchen（探す）では，ch はそれぞれ a，au，u の後にあり，原則どおり [x] と発音されます。その一方で，選択肢 **1** の lächeln（微笑む）では直前の母音が ä であるため，発音は [ç] です。したがって，正解は選択肢 **1** です。選択肢 **4** を選んだ解答が 16.61% ありました。[正解率 64.41%]

(2) 語のアクセントの位置に関する問題です。ドイツ語では，語のアクセントは原則として最初の音節に置きます。選択肢 **1** の Honig（はちみつ），選択肢 **2** の Mode（流行），選択肢 **4** の Wolke（雲）では，それぞれ最初の母音の o にアクセントが置かれます。選択肢 **3** の Moment（瞬間）はラテン語由来の外来語であり，アクセントは最初の音節ではなく，2 番目の音節に置かれます。正解は選択肢 **3** です。Moment は，英語では最初の母音にアクセントがあり，それと混同しやすいため注意が必要です。[正解率 67.37%]

(3) 母音の長短に関する問題です。ここでは母音 e を長く発音する単語を選択します。選択肢 **1** の Insel（島）では，2 番目の音節にある e はアクセントがなく短母音です。選択肢 **2** の Lektion（課）は外来語で，後ろの音節（tion）にアクセントがあるため，最初の音節にある e は短母音です。選択肢 **3** の Lebensmittel（食料品）は複合語で，前に置かれる単語（Leben）の最初の音節 Le にアクセントがあります。正解は選択肢 **3** です。選択肢 **4** の Reisepass（パスポート）も複合語で，単語のアクセントは最初の単語 Reise にあります。しかし下線が引かれているのはアクセントのない，語末の e ですから，母音 e は短く発音されます。[正解率 86.02%]

(**4**) 文の中で強調して発音される語を問う問題です。一般的に，文中では最も重要な情報を担う部分が強調して発音されます。**A** は「すみません，この辺りにスーパーマーケットはありますか?」と尋ねています。これに対して **B** は「はい，そこの裏にスーパーが 1 軒あります」と答えています。**B** の答えでは，スーパーマーケットの有無だけではなく，場所も重要な情報です。そのため，hinten を強調して発音します。したがって，正解は選択肢 **1** です。[正解率 60.00%]

◇この問題は 12 点満点 (3 点×4) で，平均点は 8.34 点でした。

1 ここがポイント！

＊語のアクセントの位置や母音の長短に関する原則をマスターしよう！
＊複合語の場合は，語形成の知識だけではなく，単語全体でアクセントの位置がどこにあるか，注意しておこう！

2 動詞と助動詞 (現在人称変化，命令形)

正解 (**1**) **4** (**2**) **4** (**3**) **4** (**4**) **1**

動詞および話法の助動詞の現在人称変化形，命令形の作り方を問う問題です。

(**1**) 動詞 helfen (〜を助ける) の現在人称変化形を問う問題です。動詞 helfen は，主語が親称 2 人称単数 du と 3 人称単数 er / sie / es の場合，語幹の母音 e が i に変化して，du hilfst，er / sie / es hilft という形を取ります。問題文の主語は das です。この das は性や数に関係なく，人や事物や前文の内容を指して，「これは，このことは」という意味になる指示代名詞です。中性名詞に付けられる定冠詞 das とは異なりますので注意しましょう。問題文では，das は「あなたの返答」(Ihre Antwort) を指しています。この場合の das は 3 人称単数です。したがって，正解は選択肢 **4** です。問題文は「そのことは私をたいへん助ける」という意味です。動詞 helfen は自動詞で，3 格の目的語を取ることにも注意しましょう。[正解率 74.49%]

(**2**) 動詞 bedeuten (〜を意味する) の現在人称変化形を問う問題です。語幹が

t や d で終わる動詞は，主語が親称 2 人称単数 du，3 人称単数 er / sie / es，親称 2 人称複数 ihr の場合，口調を整えるために，語幹の直後に母音 e を補って，du bedeutest，er / sie / es bedeutet，ihr bedeutet と変化します。問題文は「音楽はあなたにとって何を意味しますか？」という意味です。疑問の代名詞 was が bedeuten の目的語で，Musik が主語です。したがって，定動詞は 3 人称単数が主語の場合の形になります。正解は選択肢 **4** です。このような現在人称変化をする動詞には，他に arbeiten (働く)，finden (見つける)，warten (待つ) などがあります。なお，選択肢 **2** の bedeuten を選んだ解答が 33.14% ありました。[正解率 59.92%]

(**3**) 動詞 gehen の変化形を問う問題です。文末に感嘆符（！）があること，そして Kinder (子どもたち) と呼びかけていることから，問題文は複数の子どもたちに向けた命令・依頼の表現であることがわかります。命令形は，① du に対する命令，② ihr に対する命令，③敬称 2 人称 Sie に対する命令の 3 種類がありますが，①と②では主語 du，ihr は省略されます。③のみ，主語 Sie は省略されません。動詞は原則として，①は語尾なし（または -e)，②は -t，③は -en という語尾を語幹に付けて，文頭に置かれます。問題文では，Kinder と複数の子どもたちに呼びかけていることから，これは親称 2 人称複数 ihr で呼びかける相手に対する命令形であると判断できます。したがって正解は選択肢 **4** です。問題文は「子どもたち，もう家に帰りなさい！ もうすぐ夜になるよ」という意味です。なお，du に対する命令形である選択肢 **1** を選んだ解答が 29.58% ありました。[正解率 44.41%]

(**4**) 話法の助動詞 sollen (～すべきである) の現在人称変化形を問う問題です。話法の助動詞では，主語が単数では，語幹が könn → kann，dürf → darf，müss → muss，mög → mag，woll → will と変化しますが，sollen だけは語幹が変化しません。また話法の助動詞では，主語が 1 人称単数 ich と 3 人称単数の場合，ich soll，er / sie / es soll のように，語尾が付きません。問題文では主語は ich です。したがって，正解は選択肢 **1** です。[正解率 84.24%]

◇この問題は 12 点満点 (配点 3 点×4) で，平均点は 7.89 点でした。

2 ここがポイント！

＊現在形で主語が親称 2 人称単数，3 人称単数のときに語幹の母音が変化する不規則変化動詞に気をつけよう！

＊話法の助動詞は，日常的にもよく使うので，現在人称変化を確実に覚えよう！
＊語幹と語尾の間に口調を整える e が入る動詞（語幹が d や t で終わる動詞）に気をつけよう！
＊命令文では，誰に対する命令なのか，しっかり見極めよう！

3 冠詞類と代名詞

正 解 (**1**) **1** (**2**) **2** (**3**) **1** (**4**) **4**

冠詞類や代名詞の適切な変化形を問う問題です。冠詞類や代名詞は，性・数・格に応じて形が異なります。変化形を正しく覚えるとともに，冠詞類や代名詞の文中での役割にも注意する必要があります。

(**1**) 人称代名詞の変化形を問う問題です。問題文は「明日は息子の誕生日なんだ。—それで彼に何をプレゼントするの？」という意味であると予想されます。四つの選択肢には，人称代名詞 er（彼）と sie（彼女／彼ら）の変化形があります。第2文の動詞 schenken は3格（贈る相手）および4格（贈る物）とともに使われます。was が贈る物を尋ねる4格の疑問代名詞であると考えられますので，空欄には Sohn（息子）と性が同じであり，かつ3格の人称代名詞である ihm を入れるのが適切です。したがって，正解は選択肢 **1** です。［正解率 62.88%］

(**2**) 疑問代名詞の変化形を問う問題です。問題文は「きみは週末，誰を訪ねるの？ —両親だよ」という意味であると予想されます。四つの選択肢はすべて wer の変化形です。第1文の besuchen（訪問する）は4格目的語を必要とする他動詞です。すでにこの文には主語 du がありますので，この文に必要な格は4格であると考えられます。したがって，正解は選択肢 **2** です。なお，選択肢 **3** を選んだ解答が 30.51% ありました。もし選択肢 **3** の wer を空欄に入れる場合は，wer（3人称単数）が主語になりますので，動詞は besuchst ではなく besucht になります。文中にある主語や動詞の語尾にも注目して適切な語を選ぶ必要があります。［正解率 46.69%］

(**3**) 所有冠詞の変化形を問う問題です。問題文は「教室ではアンナは私の兄（または弟）の隣に座っています」という意味であると予想されます。前置詞 neben は場所を表す場合は3格，方向を表す場合は4格の名詞・代名詞と用いられます。

この文はアンナが座っている場所を説明していますので Bruder は 3 格です。空欄には所有冠詞 mein が男性名詞 3 格の前に置かれるときの形である meinem を入れるのが適切です。したがって，正解は選択肢 **1** です。［正解率 53.90%］

(**4**) 定冠詞類の変化形を問う問題です。問題文は「この生徒の辞書は分厚くて重いです」という意味であると予想されます。四つの選択肢はすべて dieser の変化形です。文頭に Wörterbuch（辞書）と Schülers（生徒）という二つの名詞が並んでいることから，後ろにある名詞が 2 格であると考えられます。Schüler（男性名詞単数）に 2 格の語尾 s がついていることからも判断できます。したがって，正解は選択肢 **4** です。なお，選択肢 **3** を選んだ解答が 34.15% ありました。Schüler の複数形は Schüler（単数形と同形）です。また，複数形であれば 2 格に s は付きません。［正解率 50.25%］

◇この問題は 12 点満点（配点 3 点×4）で，平均点は 6.41 点でした。

3 ここがポイント！

＊名詞の性・数・格に応じた冠詞類の変化を正確に覚えよう！
＊名詞・代名詞は動詞や前置詞によって格が決められており，冠詞類もそれにあわせて語尾が変化することに注意しよう！

4 語順

正 解　(**1**)　**2**　　(**2**)　**1**　　(**3**)　**4**　　(**4**)　**1**

語順を問う問題です。動詞や話法の助動詞，接続詞の位置など，語順についての基本的な規則を覚えている必要があります。

(**1**) 接続詞を使った文の語順を問う問題です。第 2 文の文頭の語 und は並列接続詞であるため，その有無は後続する文の語順に影響を与えません。そのため動詞 machen は，文頭の語 und を除いて 2 番目の位置に置きます。したがって，正解は選択肢 **2** です。文頭の語 und を含めて 2 番目の位置にあたる選択肢 **1** を選んだ解答が 29.49% ありました。問題文は「マルクスとティムは親友です。彼らはいつもなんでも一緒にします」という意味です。［正解率 65.59%］

(**2**) 定冠詞類の用法を問う問題です。welch は「どの」という意味の定冠詞類で，多くの場合は直後に置かれる名詞にあわせて格変化します。ここでは welches

の語尾を見れば，その直後に中性名詞が置かれることが推測できます。したがって，正解は選択肢 **1** です。問題文は「きみはどのホテルを私に勧めてくれるの？」という意味です。［正解率 69.15%］

（**3**）挿入するべき zu は，前置詞や副詞などさまざまな用法があるため，どの用法が適切かを見極める必要があります。ここでは形容詞の前に置き，「〜すぎる」という意味を示す副詞として使われており，選択肢 **4** が正解です。問題文は「私は上着を持っていきます。飛行機の中は私にとっていつも寒すぎます」という意味です。選択肢 **2** を選んだ解答が 31.36% ありましたが，判断の主体を示す 3 格 mir には前置詞は必要ありません。［正解率 53.81%］

（**4**）話法の助動詞の位置を問う問題です。話法の助動詞は本動詞とともに用いられる場合が多いのですが，ここでは本動詞は省略されています。文末に疑問符があり文頭には疑問詞がないことから，möchten を使って決定疑問文を作る必要があることがわかります。したがって，正解は選択肢 **1** です。問題文は「まだお腹が空いていますか？ よろしければもっと麺を召し上がりますか？」という意味です。［正解率 88.22%］

◇この問題は 12 点満点（配点 3 点×4）で，平均点は 8.30 点でした。

4 ここがポイント！

＊平叙文では動詞や助動詞の定形は文の要素の 2 番目に置くという点に注意しよう！

＊前置詞の格支配や，名詞の格変化を表す定冠詞や不定冠詞の形を確認しよう！

5 語彙

正解　（**1**）**4**　（**2**）**1**　（**3**）**2**　（**4**）**3**

語彙力を問う問題です。状況に合わせて適切な語を選ぶことが求められます。

（**1**）問題文前半の問いかけは「どうしたの？ 体調がよくないの？」という意味です。後半の応答文には前半の問いかけを否定するような語句は含まれないので，「私の頭が〜だ」を意味する mein Kopf tut とともに体調が悪いことを表す語が入ることが予想できます。選択肢 **1** は「よい」，選択肢 **2** は「硬い」，選択肢 **3** は

「多い」，選択肢 **4** は「痛い」という意味の形容詞です。後半の文にある tut とともに，weh tun（痛む）という決まった言い回しを形成する選択肢 **4** が「どうしたの？ 体調がよくないの？」という問いかけに対する答えとして最もふさわしいと考えられます。したがって，選択肢 **4** が正解です。［正解率 39.15%］

(**2**) 問題文は「このズボンは私に（　）ません。私のサイズは 34 です」という意味です。選択肢 **1** は「合う」，選択肢 **2** は「試す」，選択肢 **3** は「立てる」，選択肢 **4** は「身につける」という意味で，いずれも 3 人称単数形の動詞です。空欄の前後の内容からズボンのサイズが合わないことが問題となっていることがわかります。したがって，選択肢 **1** が正解です。なお，動詞 passen は人の 3 格をとる動詞で，問題文でも ich の 3 格 mir が使われています。［正解率 33.05%］

(**3**) 問題文前半の問いかけは「今日はどのサッカーの試合がテレビで放送されるの？」という意味です。後半はドイツと日本という国名の間に空欄があり，テレビで放送されるのがドイツ対日本の試合であることが述べられていると予想できます。選択肢 **1** は「～を通って」，選択肢 **2** は「～に向かって，～に対して」，選択肢 **3** は「～なしに」，選択肢 **4** は「～へ」を意味する前置詞です。したがって，選択肢 **2** が正解です。［正解率 52.71%］

(**4**) 問題文は「雨が降っていますが，今日私は（　）を持っていません」という意味です。選択肢 **1** は「手紙」，選択肢 **2** は「ボールペン」，選択肢 **3** は「傘」，選択肢 **4** は「市街地図」という意味の名詞です。問題文の前半で「雨が降っています」と述べた後，逆接の接続詞 aber を挟んで後半へと続き，何かを「持っていない」と述べられています。したがって，ここでは雨が降っているにもかかわらず「持っていない」ものを答えることになります。文脈から最も適切な答えは「傘」となり，選択肢 **3** が正解です。［正解率 47.80%］

◇この問題は 12 点満点（配点 3 点×4）で，平均点は 5.18 点でした。

5 ここがポイント！

＊文脈からどの単語が最も適切かを判断しよう！
＊単語を覚える際は，その意味に留まらず，passen は人の 3 格とともに用いる用法があるというように，文の中での使い方までマスターしておこう！

6 会話表現

正解 (**1**) **4**　(**2**) **3**　(**3**) **3**　(**4**) **1**

空欄に適切な表現を入れることにより，短い会話文を完成させる問題です。文法的な知識に加え，日常的な場面でよく用いられる慣用表現を覚えておく必要があります。

(**1**) **A** の質問「ミュンヘンの天気はいかがですか？」に対する返答を選ぶ問題です。選択肢 **1** は「勤勉です」，選択肢 **2** は「空いています」，選択肢 **3** は「空っぽです」，選択肢 **4** は「風が強いです」という意味です。したがって，天候を表す表現である選択肢 **4** が正解です。［正解率 70.68%］

(**2**) **A** の発言「ケルンからハンブルクまでの乗車券を 1 枚ください」に対する返答としてふさわしい表現を選ぶ問題です。**B** の返答では答えの入る空欄の後に「それとも片道ですか」(oder einfach) を意味する表現がきています。einfach という語は「単純な，簡単な」という意味でよく用いられますが，文脈によっては「単一な，一重の」という意味でも用いられます。ここでは後者の用法になり，文脈から「片道の」を意味します。したがって空欄には「往復の」を意味する表現が入ることになり，選択肢 **3** が正解となります。なお，選択肢 **1** および選択肢 **2** の語の組み合わせはドイツ語にはありません。選択肢 **4** は「前と後ろへ」という意味ですが，返答として適切ではありません。選択肢 **4** を選んだ解答が 39.66% ありました。［正解率 29.41%］

(**3**) **A** の質問「スープはおいしいですか？」に対する返答としてふさわしい表現を選ぶ問題です。選択肢 **1** は「ありがとうございます，あなたも (同様に)」，選択肢 **2** は「はい，喜んで」，選択肢 **3** は「はい，とても」，選択肢 **4** は「いいえ，結構です」という意味です。美味しいかどうか尋ねられた際の返答として最もふさわしい選択肢 **3** が正解です。［正解率 60.68%］

(**4**) **A** の質問「仕事場までどのくらい時間がかかりますか」に対する返答としてふさわしい表現を選ぶ問題です。**A** の質問で用いられている動詞 brauchen は「要する」という意味があり，長さを尋ねる wie lange と組み合わせたとき，所要時間を尋ねる表現となります。選択肢 **1** は「30 分」，選択肢 **2** は「5 キロ (メートル)」，選択肢 **3** は「明日」，選択肢 **4** は「ポツダムへ」という意味です。所要時間を尋ねる質問に対する返答として最もふさわしい選択肢 **1** が正解です。なお，

距離を表す選択肢 **2** を選んだ解答が 40.00% ありました。[正解率 52.88%]

◇この問題は 12 点満点 (配点 3 点×4) で，平均点は 6.41 点でした。

6 ここがポイント！

＊日常会話でよく用いられる慣用表現を覚えよう！

＊疑問詞は他の語との組み合わせで覚えることを心がけ，何かを尋ねる表現の幅を広げておこう！

7 テキストの要点の理解（正誤の選択）

正解 **(1) 1　(2) 2　(3) 2　(4) 1　(5) 2**

1 年ぶりにハンブルクを訪れる，ドイツ留学中のマミに宛てたルイーザのメールを読み，内容を正しく理解できるかを問う問題です。問題文がテキストの内容に合致する場合は **1**，合致しない場合は **2** と解答します。

内容:
送信者:　ルイーザ
受信者:　マミ
件名:　よいご旅行を！
日付:　2022 年 11 月 9 日

マミへ

明日，いよいよハンブルクに到着ですね。私は空港の出口で待っています。私は車で行きます。出会ったら，一緒に私の家に行きましょう。あなたの部屋はもう準備万端です。大きくはないけれど，家具はもうぜんぶ揃っています。夕飯は食べに出かけてもいいですね。家の近所においしい魚料理のレストランがあります。あなたはいつも魚にするものね。

翌日，私は残念ながら仕事です，だって金曜日ですから。あなたに家の鍵を渡しますね。そうしたら，あなたは街に出たり，散歩に行ったりできますよ。

土曜日は小さなパーティーを開くつもりで，友だちを 4 人招待しています。レーナとトーマスはもう知っていますね。他の 2 人の友だちはエマとマルコです。2 人ともあなたに会いたがっています。みんなのために私がピザを焼きますよ。家においしいワインもあります。きっとすてきなパーティーになると思います。

良いご旅行を！ 明日空港で会いましょう！

それでは
ルイーザ

【語彙】an|kommen: 到着する　auf jn warten: ～を待つ　fertig sein: 準備ができている　es gibt et[4]: ～がある　doch: （確認する気持ちを表して）～だよね　spazieren gehen: 散歩に行く　ein|laden: 招待する　kennen|lernen: 知り合いになる

1 は「マミは 11 月 10 日にハンブルクに到着する」という意味です。ルイーザがマミにメールを送った日付が 11 月 9 日で，メールの中でルイーザは，「明日（マミが）ハンブルクに到着する」と述べていますので，**1** はテキストの内容と合致します。したがって，正解は **1** です。［正解率 68.47%］

2 は「ハンブルクでマミはホテルに住む」という意味です。テキストでは，空港から 2 人は一緒にルイーザの家に行き，彼女の家にマミの部屋が用意されていることが述べられていますので，**2** はテキストの内容に合致しません。したがって，正解は **2** です。［正解率 90.42%］

3 は「マミは魚を食べない」という内容です。テキストでは，マミがいつも魚を食べることが述べられていますので，**3** はテキストの内容に合致しません。したがって，正解は **2** です。［正解率 78.39%］

4 は「木曜日にルイーザはマミとレストランに食事に行くつもりである」という意味です。テキストの中で，到着した翌日が金曜日だと述べられています。したがって，到着する日は木曜日ということになります。到着する日の夜，ルイーザとマミはレストランに食事に行くと述べられていますから，**4** はテキストの内容に合致します。したがって，正解は **1** です。［正解率 65.76%］

5 は「ルイーザはさらにワインを 1 本買わなければならない」という内容です。テキストでは，ルイーザは自宅においしいワインを複数持っていることが述べられていますので，**5** はテキストの内容と合致しません。したがって，正解は **2** です。［正解率 75.51%］

◇この問題は 15 点満点（配点 3 点×5）で，平均点は 11.35 点でした。

7 ここがポイント！

＊「誰が」「いつ」「どこで」「何を」するのか，それを表す語句に注目しながら，テキストの内容を整理しよう！
＊時間の経過や場所の移動など，状況を把握しながら，文脈を正確に読み取ろう！

8 会話文理解

正 解　(a) 6　(b) 2　(c) 1　(d) 8　(e) 5

空欄に適切な選択肢の文を入れることで，会話文を完成させる問題です。選択肢に挙がっている文の意味を正しく理解することに加え，空欄の前後の文との文脈的なつながりや，会話全体の自然な流れを確認することが重要です。テキストは，ボンに来たばかりのリョウコと，パーティーで知り合った女性ハイケとの会話です。まず，会話文と選択肢の意味を確認しましょう。

内容
ハイケ：　はじめまして。私の名前はハイケです。お名前は？ どこから来たの？
リョウコ：リョウコといいます。日本から来ました。
ハイケ：　ボンでは大学に通っているの？
リョウコ：いいえ。**(a)** ハイケは？
ハイケ：　私はここボンに住んでいます。でも，ケルンにある会社で働いています。
リョウコ：ケルン？ **(b)**
ハイケ：　ボンからケルンまで電車で通っています。
リョウコ：**(c)**
ハイケ：　およそ30分かかります。ケルンはそれほど遠くありません。その街に行ったことがありますか？
リョウコ：**(d)**
ハイケ：　ケルンはとても素敵ですよ。それに，中央駅のすぐ近くにケルン大聖堂があります。それはとても有名です。**(e)**

1　ケルンまでどのくらいの時間がかかりますか？
2　どのようにして通勤していますか？

3 いいえ，それを食べるのは初めてです。
4 誰と一緒に働いているのですか？
5 それを絶対に見なくてはいけません！
6 私はここにある語学学校でドイツ語を学んでいます。
7 絶対に試験を受けなければなりません！
8 いいえ，私はまだその街に行ったことがありません。

(**a**) リョウコはハイケの「ボンでは大学に通っているの？」という質問に対し，「いいえ」と否定したうえで，(**a**) と答えています。そのため，リョウコの答えは，ボンに滞在する目的に関するものと予想されます。正解は選択肢 **6** の「私はここにある語学学校でドイツ語を学んでいます」です。［正解率 95.42%］

(**b**) リョウコは，ハイケの職場がケルンにあることを聞き，それに続けて (**b**) と発言しています。さらに，それを聞いたハイケは電車通勤していることを伝えます。このことから，(**b**) では，リョウコはハイケに通勤手段を尋ねていることが考えられます。正解は，選択肢 **2** の「どのようにして通勤していますか？」です。［正解率 77.88%］

(**c**) ハイケがケルンまで電車で通っていることを聞いた後で，リョウコがハイケに (**c**) と質問し，それに対してハイケはさらに，「およそ 30 分かかります」と続けます。このことから，リョウコは，所要時間に関することを尋ねていると思われます。正解は，選択肢 **1** の「ケルンまでどのくらいの時間がかかりますか？」です。［正解率 91.61%］

(**d**) ハイケが「その街に行ったことがありますか？」という質問をして，リョウコが (**d**) と発言しています。この場面で使われている動詞 kennen には，「(経験を通じて) 知っている」という意味があります。このことから，リョウコの答えはケルンへ行ったことがあるかどうかになります。正解は，選択肢 **8** の「いいえ，私はまだその街に行ったことがありません」です。［正解率 94.32%］

(**e**) ハイケはケルンについて話しています。ケルン大聖堂のことについて話した後で，「それはとても有名です」と言っています。この文の主語 der は男性名詞を受ける指示代名詞で，具体的には直前にあるケルン大聖堂を受けています。(**e**) に入る可能性があるのは選択肢 **5** と選択肢 **7** です。選択肢 **5** にある ihn は男性名詞 4 格の人称代名詞で，それまでの文脈からこの ihn もやはりケルン大聖堂を受けていると予想できます。正解は，選択肢 **5** の「それを絶対に見なくてはい

けません！」です。［正解率 81.61%］

◇この問題は 15 点満点（配点 3 点×5）で，平均点は 13.22 点でした。

8 ここがポイント！

＊会話中のキーワードや代名詞を手がかりに，正確な内容を理解しよう！
＊「何が」「どのように」「誰が」など，疑問詞が示す内容に注目しよう！
＊会話の場所や場面などで鍵となる表現をよく学習しておこう！

9 テキストの正確な理解（日本語文選択）

正解 **2，4，5，7**（順序は問いません）

ある程度の長さのまとまったテキストを読み，その要点を正しく理解できるかどうかを問う問題です。テキスト中の表現を正確に読み解いた上で，選択肢の内容の正誤を判断することが求められます。

内容：

アンドレアスはまもなく誕生日を迎えます。彼は 10 歳になります。誕生日に友達は，ゲームや自転車，携帯電話をもらっています。でも彼は別のものがいいと思っています。犬が欲しいのです。

彼のお母さんは，犬はいりません。犬には食べ物や飲み物を与えなくてはいけないからです。それに毎日犬と散歩に行かなければいけませんし，医者へ行かなければならないこともあります。お母さんは，アンドレアスがまだ小さすぎて全部はまだこなせないと考えています。犬にはお金もたくさんかかります。

彼のお父さんは，アンドレアスにとって犬は良いことだと思っています。犬を飼えば毎日早起きをして，犬と散歩へ行くことになるからです。それにこの動物についての本も読むことになるでしょう。父親は次の週末にアンドレアスと一緒に動物保護施設へ行きます。そこにはたくさんの犬がいます。そこの犬は新しい家族を探しています。まず，アンドレアスはそこでこの動物の暮らしについてたくさん学ぶ必要があります。その後アンドレアスと両親はもう一度，誕生日プレゼントについて話し合うことにします。

【語彙】Geburtstag: 誕生日　Hund: 犬　jeden Tag: 毎日　spazieren gehen: 散歩へ行く　manchmal: ときどき　Geld: お金　auf|stehen: 起床

する　Tier: 動物　nächstes Wochenende: 来週末　Tierheim: 動物保護施設

選択肢**1**は，本文第1行「アンドレアスはまもなく誕生日を迎えます。彼は10歳になります」と矛盾するので，不正解です。選択肢**2**は，本文第1～2行「誕生日に友達は，ゲームや自転車，携帯電話をもらっています」に合致するので，正解です。[正解率80.59%] 選択肢**3**は，本文第5行の「それに毎日犬と散歩に行かなければいけません」と矛盾するので，不正解です。選択肢**4**は，本文第6～7行「お母さんは，アンドレアスがまだ小さすぎて全部はまだこなせないと考えています」に合致するので正解です。[正解率90.34%] 選択肢**5**は，本文第8行「彼のお父さんは，アンドレアスにとって犬は良いことだと思っています」に合致するので正解です。[正解率95.08%] 選択肢**6**は，本文第8～9行「犬を飼えば毎日早起きをして，犬と散歩へ行くことになるからです」の主語erがアンドレアスを指しており，父親ではないので不正解です。選択肢**7**は，本文第10～11行「それにこの動物についての本も読むことになるでしょう」と合致するので，正解です。[正解率69.83%] 選択肢**8**は，本文第12行「まず，アンドレアスはそこでこの動物の暮らしについてたくさん学ぶ必要があります」とあり，来週末の時点で犬の譲渡を受けるわけではないので，不正解です。

◇この問題は12点満点（配点3点×4）で，平均点は10.08点でした。

9 ここがポイント！

＊テキスト全体の流れをよく把握し，重要なキーワードに注意して，テキストの内容を読み取ろう！
＊接続詞や代名詞に注意して，文章を読み解こう！
＊わからない単語があっても，全体の文章の流れから内容を推測して読もう！

【聞き取り試験】

第1部 会話表現理解（流れが自然なものを選択）

正解 （1） **3**　（2） **1**　（3） **2**　（4） **2**

放送された4通りの短い会話を聞き，流れが最も自然であるものを選ぶ問題です。文字や絵などの視覚情報を手がかりとすることなく，質問などの発話とそれに続く発話を正確に聞き取った上で，相互の内容的なつながりを確認する必要があります。また，そのためには，イントネーション，アクセント，個々の母音や子音の発音などに関する適切な理解も求められます。

なお，4通りの会話において，先行する発話の部分はすべて同じです。以下では，最初にこの共通部分を，次いで後続する4通りの発話の部分を示します。

放送 問題**1**: Kannst du gut schwimmen?

選択肢: **1** Ja, ich kann gut Deutsch sprechen.

2 Ja, ich kann sehr gut kochen.

3 Nein, ich kann gar nicht schwimmen.

4 Nein, ich spiele nicht gern Tennis.

「きみは上手に泳げる？」という質問に対して，選択肢**1**では「うん，上手にドイツ語を話せる」，選択肢**2**では「うん，とても上手に料理ができる」，選択肢**3**では「いや，まったく泳げない」，選択肢**4**では「いや，テニスをするのは好きじゃない」と答えています。上手に泳げるかどうか，という質問に対し，選択肢**1**と選択肢**2**は上手にできることを答えてはいますが，文末の動詞が質問とは異なります。選択肢**4**は好みを述べる文ですのでこれも適切ではありません。それに対し選択肢**3**では「まったく泳げない」と答えていますので，自然な問答が成立しています。したがって，正解は選択肢**3**です。［正解率 80.08%］

放送 問題**2**: Wo ist mein Handy?

選択肢: **1** Es ist auf dem Bett.

2 Es ist ganz neu.

3 Es geht mir gut.

4 Es kostet nur zehn Euro.

「私の携帯電話はどこですか？」という質問に対して，選択肢**1**では「それはベッドの上です」，選択肢 **2** では「それは新品です」，選択肢 **3** では「私は元気です」，選択肢 **4** では「たった 10 ユーロです」と答えています。携帯電話がどこにあるかを聞いているのに対し，選択肢 **1** だけが「ベッドの上」と場所を答えていますので，自然な返答となっています。したがって，正解は選択肢 **1** です。[正解率 92.71%]

放 送　問題 **3**:　Wohin gehst du jetzt?

選択肢:　**1**　In zwei Stunden.
2　Ins Theater.
3　Mit Anna.
4　Morgen Abend.

「これからどこへ行くの？」という質問に対して，選択肢 **1** では「2 時間後」，選択肢 **2** では「劇場へ」，選択肢 **3** では「アンナと一緒に」，選択肢 **4** では「明日の夜」と答えています。行き先を尋ねられていますので，適切な返答は選択肢 **2** の「劇場へ」です。したがって，正解は選択肢 **2** です。[正解率 76.02%]

放 送　問題 **4**:　Was machen Sie gern?

選択肢:　**1**　Ich esse nicht gern Fleisch.
2　Ich reise gern.
3　Ja, sehr gern.
4　Sie spielt gern Klavier.

「あなたは何をするのが好きですか？」という質問に対して，選択肢 **1** では「私は肉を食べるのは好きではありません」，選択肢 **2** では「私は旅行をするのが好きです」，選択肢 **3** では「はい，とても好きです」，選択肢 **4** では「彼女はピアノを弾くのが好きです」と答えています。好きなことは何かという問いに対する適切な返答は選択肢 **2** です。したがって，正解は選択肢 **2** です。選択肢 **4** を選んだ解答が 42.37% ありました。Was macht sie gern? の答えとしては適切ですが，質問文の動詞は machen ですので主語は敬称 2 人称の Sie（または 3 人称複数の sie）であると判断する必要があります。[正解率 40.93%]

◇この問題は 12 点満点（配点 3 点×4）で，平均点は 8.70 点でした。

第 1 部　ここがポイント！

＊疑問文を聞き取る際には文頭の疑問詞（wann, was, wo, wohin など）を聞き取り，場所が問われているのか時間が問われているのかなど判断し

よう！
＊人称代名詞 Sie / sie が疑問文にある場合，それが敬称 2 人称の Sie（または 3 人称複数の sie）なのか 3 人称単数の sie なのかを動詞の形から正確に聞き分けよう！

第2部 テキストの重要情報の聞き取りと記述

正解 （5） **Freizeit** （6） **35** （7） **Spaß** （8） **8**

放送された会話を聞き，その内容に関する質問に単語や数字で答える問題です。質問もドイツ語で放送されます。

放送

A: Guten Tag. Hier ist wieder das Radio Sonntag. Mein Name ist Ute Hollerbach. Wir machen gerade ein Interview zum Thema „Freizeit". Haben Sie etwas Zeit?

B: Ja, okay.

A: Vielen Dank. Darf ich Sie fragen, wie heißen Sie und wie alt sind Sie?

B: Ich heiße Marco Wester. Ich bin 35 Jahre alt.

A: Danke schön, Herr Wester. Was machen Sie in der Freizeit?

B: Mh, in der Freizeit ... Ich spiele gern Tennis.

A: Oh, schön! Warum spielen Sie gern Tennis?

B: Es macht Spaß und ist auch gesund. Beim Tennis muss ich ja viel laufen.

A: Ja, richtig. Und wie lange spielen Sie schon?

B: Ich spiele seit acht Jahren Tennis.

A: Oh, wunderbar! Vielen Dank für das Interview und viel Spaß beim Spielen!

内容

A: こんにちは。こちらは再びラジオ・サンデーです。私の名前はウーテ・ホラーバッハです。いまちょうど「余暇」というテーマでインタビューをしています。少しお時間ありますでしょうか。

B: ええ，いいですよ。

A: ありがとうございます。お名前と年齢を伺ってもよろしいでしょうか？

B: マルコ・ヴェスターといいます。35歳です。

A: ありがとうございます，ヴェスターさん。余暇はどんなことをされていますか？

B: うーん，余暇ですか。テニスをするのが好きです。

A: あら，素敵ですね！ どうしてテニスがお好きなんですか？

B: 楽しいですし，健康でもあります。テニスではたくさん走らなければなりませんから。

A: ええ，その通りですね。(テニスを) するようになってどのくらいになりますか？

B: テニスは8年前からしています。

A: わあ，素晴らしいですね！ インタビューに答えていただきどうもありがとうございました。これからもプレーを楽しんでください。

【語彙】Zeit haben: 時間がある　gesund: 健康な　stimmen: その通りである　Viel Spaß!: 大いに楽しんでね

放 送　問題 **5**:　Was ist das Thema des Interviews?

質問は「インタビューのテーマは何ですか？」という意味です。女性インタビュアーのホラーバッハ氏 (**A**) が第1発言の後半で「『余暇』というテーマでインタビューをしています」と述べています。また，**A** は第3発言の最後で「あなたは余暇はどんなことをされていますか？」と尋ねています。解答用紙には Die Frau fragt: „Was machen Sie in der ＿＿＿?“ (女性が尋ねます:「あなたは＿＿＿には何をしていますか？」) と記載されていますので，「余暇」に相当する語を書き取る必要があります。したがって，正解は **Freizeit** です。なお，解答には Flyzeit や Fraizait，Fleizeit などのつづりの間違いが見られました。[正解率 46.82%]

放 送　問題 **6**:　Wie alt ist Herr Wester?

質問は「ヴェスターさんは何歳ですか？」という意味です。ホラーバッハ氏 (**A**) の第2発言後半の「年齢を伺ってもよろしいでしょうか」という質問に対し，ヴェスター氏 (**B**) は名前に続けて「35歳です」と答えています。解答用紙には Er ist □□ Jahre alt. (彼は□□歳です) と記載されていますので，所定の欄に2桁の数字35を記入するのが適切です。正解は **35** です。[正解率 67.20%]

放 送　問題 **7**:　Warum spielt Herr Wester gern Tennis?

質問は「ヴェスターさんはなぜテニスをするのが好きでしょうか？」という意

味です。ホラーバッハ氏 (**A**) の第4発言後半の「どうしてテニスがお好きなんですか？」という質問に対し，ヴェスター氏 (**B**) は「楽しいですし，健康でもあります」と答えています。解答用紙には Es macht ＿＿＿ und ist auch gesund. (＿＿＿ですし，健康でもあります) と記載されていますので，「楽しい」に相当する語を書き取る必要があります。したがって，正解は **Spaß** です。なお，解答には schpass や Späß，Sparß などのつづりの間違いが見られました。[正解率 17.13%]

放 送　問題 **8**:　Wie lange spielt Herr Wester schon Tennis?

質問は「ヴェスターさんはすでにどのくらいテニスをしていますか？」という意味です。ホラーバッハ氏 (**A**) の第5発言後半の「(テニスを) するようになってどのくらいになりますか？」という質問に対し，ヴェスター氏 (**B**) は「テニスは8年前からしています」と答えています。解答用紙には Er spielt seit □ Jahren Tennis. (彼は□年前からテニスをしています) と記載されていますので，所定の欄に1桁の数字8を記入するのが適切です。正解は **8** です。[正解率 93.98%]

◇この問題は 16 点満点 (配点 4 点×4) で，平均点は 9.01 点でした。

第2部 ここがポイント！

＊繰り返し読み上げられる単語，数字は特に注目してよく聞き取ろう！
＊単語を音声で聞き取る際に，ドイツ語特有のつづりのパターン (sch や ei など) が思い浮かぶよう普段から意識して覚えるようにしよう！

第3部 短い文章／会話文の聞き取り

正 解　(**9**)　**2**　(**10**)　**1**　(**11**)　**4**

放送された短いテキストを聞き，その内容を表すのに最も適した絵を「解答の手引き」から選択する問題です。正確な聞き取り能力が求められます。

放 送　問題 **9**:　Zum Abendessen möchte ich gern eine Tomatensuppe, ein Schnitzel und Pommes.

内容：夕食に私はトマトスープとシュニッツェル，フライドポテトが欲しいです。

肉料理，スープ，ポテトの皿が描かれている選択肢 **2** が正解です。この問題では，食べ物の表現を聞き取ることになります。すべての表現がわからなくてもサラダかスープか，肉料理か魚料理かを聞き分けられれば正解が選べるようになっています。［正解率 75.93%］

放送　問題 **10**:　Mama, bring mir bitte meinen Schlüssel! Ich glaube, er liegt auf dem Tisch in meinem Zimmer.

内容：ママ，ぼくの鍵を持ってきて。たぶん，ぼくの部屋の机の上にあるから。

この問題では，探しているものとそれがある場所の両方を聞き分けることになります。イラストには，鍵とペン，場所として机とイスが描かれています。机の上に鍵が描かれている選択肢 **1** が正解です。［正解率 67.03%］

放送　問題 **11**:　Oh, du suchst Tobias? Er sitzt am Fenster. Er trägt eine Brille und seine Jacke ist schwarz.

内容：ああ，トビアスを探しているの？　彼なら窓辺に座っているよ。メガネをかけていてジャケットは黒色だ。

この問題では探している人物の身につけている衣服や外見の特徴を聞き分ける必要があります。イラストから，メガネまたはひげ，T シャツまたはジャケットが問題になっているとわかります。メガネとジャケットが描かれている選択肢 **4** が正解です。［正解率 74.58%］

◇この問題は 9 点満点（配点 3 点×3）で，平均点は 6.53 点でした。

第 3 部　ここがポイント！

＊イラストに関わる数やキーワードを正しく聞き取ろう！

＊日頃から日常生活に関わるさまざまな語（食べ物，衣服など）に触れて語彙力を身につけ，その発音もできるようにしよう！

3 級

3級 (Grundstufe) 検定基準

■ドイツ語の初級文法全般にわたる知識を前提に，簡単な会話や文章が理解できる。

■基本的なドイツ語を理解し，ほとんどの身近な場面に対応できる。
簡単な内容のコラムや記事などの文章を読むことができる。
短い文章の内容を聞き，簡単な質問に答え，重要な語句や数字を書き取ることができる。

■対象は，ドイツ語の授業を約120時間（90分授業で80回）以上受講しているか，これと同じ程度の学習経験のある人。

2022 年度 夏期 ドイツ語技能検定試験

3 級

筆記試験　問題

(試験時間　60 分)

出題は新しい正書法(単語のつづり方などに関する規則)に従います。解答は新旧いずれの方式でも認めます。

——注　意——

■受験票と机の上の受験番号が同じであることを確認してください。

■携帯電話，スマートフォン，スマートウォッチ等の電子機器類は電源を切り，カバン等にしまってください。机の上に置いてはいけません。

■中途退場は認めません。退場は試験放棄となります。

①問題冊子は試験開始の合図があるまで，開いてはいけません。

②問題冊子は表紙・裏表紙を含めて 8 ページあります。
余白は下書き・メモ用に使ってかまいません。

③試験監督者の指示に従って，解答用紙の所定の欄に，受験番号・氏名を記入してください。

④解答は黒の HB の鉛筆で強めに記入してください。
書き直す場合には，消しゴムできれいに消してから記入してください。

⑤解答はすべて解答用紙の指定された箇所に記入してください。

⑥記入する数字は，下記の見本に従って書いてください。

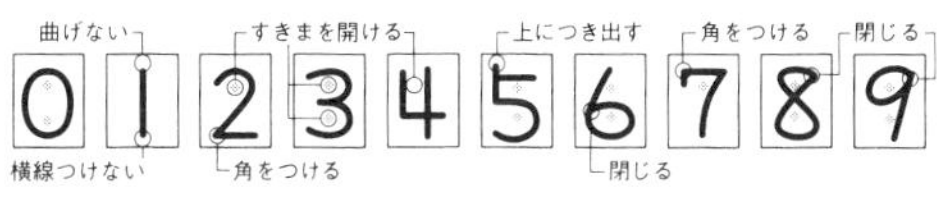

■試験が終わっても，指示があるまで席を立たないでください。

■解答用紙は持ち帰ってはいけません。

■この問題冊子の無断転載，無断複製を禁じます。

1 次の **(1)** ～ **(4)** の条件にあてはまるものが各組に一つあります。それを下の **1** ～ **4** から選び，その番号を解答欄に記入しなさい。

(1) 下線部の発音が他と異なる。

1 Karneval　**2** sinnvoll　**3** vegetarisch　**4** Violine

(2) 下線部にアクセント（強勢）がない。

1 Hintergrund　**2** hinein　**3** Hinweis　**4** wohin

(3) 下線部が長く発音される。

1 eben　**2** egal　**3** elegant　**4** extra

(4) 問い **A** に対する答え **B** の下線の語のうち，通常最も強調して発音される。

A: Mama, ich gehe jetzt. Oh, es regnet!

B: Bitte nimm einen Regenschirm mit!

1 nimm　**2** einen　**3** Regenschirm　**4** mit

2 次の **(1)** ～ **(4)** の文で（　）の中に入れるのに最も適切なものを，下の **1** ～ **4** から選び，その番号を解答欄に記入しなさい。

(1) Die Schülerin aus Japan hat (　　) der Gastfamilie Abschied genommen.

1 an　**2** aus　**3** von　**4** zu

(2) Der Schauspieler nahm (　　) der Veranstaltung teil.

1 an　**2** mit　**3** unter　**4** zu

(3) Die Stadt ist sehr berühmt (　　) das Schloss.

1 an　**2** für　**3** gegen　**4** vor

(4) Die Regisseurin ist (　　) ihrem Film zufrieden.

1 an　**2** in　**3** mit　**4** zu

3

次の (1) ～ (4) の文で (　　) の中に入れるのに最も適切なものを，下の 1 ～ 4 から選び，その番号を解答欄に記入しなさい。

(1) Paul lernt jetzt Japanisch, um später Dolmetscher (　　).
1 werden　2 wird　3 geworden　4 zu werden

(2) (　　) ihr schon eine Nachricht von ihm bekommen?
1 Habt　2 Hat　3 Seid　4 Sind

(3) Diese Firma (　　) am Ende des 19. Jahrhunderts gegründet.
1 haben　2 hat　3 waren　4 wurde

(4) Ohne deine Hilfe (　　) ich diese Arbeit nicht schaffen.
1 hätte　2 sei　3 wäre　4 würde

4

次の (1) ～ (4) の文で (　　) の中に入れるのに最も適切なものを，下の 1 ～ 4 から選び，その番号を解答欄に記入しなさい。

(1) Ich plane jetzt schon meine Reise nach Berlin, (　　) ich das Flugticket billig kaufen kann.
1 daher　2 damit　3 denn　4 ob

(2) Weißt du überhaupt, (　　) meine Tochter gerade spricht?
1 mit wem　2 wann　3 wer　4 woher

(3) In München gibt es ein Museum, (　　) man das Meisterwerk sehen kann.
1 das　2 dem　3 in das　4 in dem

(4) Herr Neumann kaufte sich eines der (　　) Autos in dem Geschäft.
1 teuer　2 teuerste　3 teures　4 teuersten

5 次の (1) ～ (4) の文で (　　) の中に入れるのに最も適切なものを，下の 1 ～ 4 から選び，その番号を解答欄に記入しなさい。

(1) Beeil dich! Sonst (　　) wir den Bus!
1 vergessen　2 verpassen　3 versprechen　4 verstehen

(2) Du bist mir böse, nicht (　　)?
1 kurz　2 sehr　3 wahr　4 weit

(3) Kinder, macht keinen (　　)! Eure kleine Schwester ist gerade eingeschlafen.
1 Lärm　2 Raum　3 Regen　4 Schuh

(4) Geht's dir nicht gut? – Nein, ich bin (　　).
1 angenehm　2 erkältet　3 gut　4 schlecht

6 次の文章は，日本にいるセイイチからドイツにいる友人 Theo に宛てたメールです。このメールを読んで，(1) ～ (3) の問いに答えなさい。

Von: Seiichi Hatano
An: Theo Schneider
Betreff: Reise nach Berlin
Datum: 5. Mai 2022

Lieber Theo,

wie geht es dir?

Es tut mir sehr leid, dass ich mich so lange nicht bei dir gemeldet habe. Ich hatte bis jetzt einfach keine Zeit, weil ich durch mein Studium an der Uni so viel zu tun hatte. Und was machst du so?

Ich wollte dir Bescheid sagen, dass ich in diesem Sommer endlich mal wieder Zeit habe, um nach Berlin zu reisen. Wir könnten wieder etwas zusammen machen. (A)Wie wäre es, wenn wir nach Dresden fahren? Was meinst du?

Ich erinnere mich gern an 2017, als ich als Austauschstudent für zwei Monate in Berlin war und wir so viele tolle Sachen zusammen unternommen haben. Wir haben uns viel über Mangas unterhalten und sind oft in Berlin spazieren gegangen, was wirklich schön war. Ich sehe mir auch gerne die Fotos von den verschiedenen Berliner (**B**) an, die wir gemeinsam besucht haben, wie das Brandenburger Tor, den Fernsehturm und die Museumsinsel. Ich hoffe, wir können das noch mal machen.

Also sag mir Bescheid, ob du im Sommer Zeit hast, dann kann ich für die Tage ein Zimmer in einer Pension reservieren.

Viele Grüße und ein schönes Wochenende

Seiichi

(1) 下線部 **(A)** を言い換えた時に最も近い意味になるものを，次の **1** ～ **3** から選び，その番号を解答欄に記入しなさい。

1 Wie denkst du darüber,

2 Was hast du vor,

3 Was machen wir,

(2) 空欄（ **B** ）に入れるのに最もふさわしい語を，次の **1** ～ **4** から選び，その番号を解答欄に記入しなさい。

1 Ländern　　**2** Sehenswürdigkeiten

3 Spezialitäten　　**4** Städten

(3) 本文全体の内容に合うものを下の **1** ～ **5** から二つ選び，その番号を解答欄に記入しなさい。ただし，番号の順序は問いません。

1 Seiichi hat in diesem Sommer zu Hause sehr viel zu tun.

2 Seiichi macht sich Sorgen um seinen Freund Theo.

3 Seiichi hat es 2017 Spaß gemacht, vieles mit Theo in Berlin zu unternehmen.

4 Seiichi erinnnert sich gern an seine Zeit in Dresden.

5 Seiichi will wissen, ob Theo wieder etwas zusammen mit ihm unternehmen möchte.

7 以下は，Julia とフランスからの留学生 Michelle の会話です。会話が完成するように，空欄（ **a** ）～（ **e** ）の中に入れるのに最も適切なものを，下の **1** ～ **8** から選び，その番号を解答欄に記入しなさい。

Michelle:	Hallo, Julia! Wie geht's?
Julia:	Hallo! Danke, gut. Weißt du, dass es hier am nächsten Samstag ein Stadtfest gibt? (**a**)
Michelle:	Das klingt interessant! (**b**)
Julia:	Das ist ein Weinfest, das jedes Jahr stattfindet. Dieses Jahr sind auch viele Veranstaltungen geplant. Zum Beispiel gibt es ein Konzert auf dem Marktplatz. Viele kleine Läden im Stadtpark verkaufen viele Weine, aber auch andere Getränke und regionale Spezialitäten. Außerdem kann man da Handarbeiten und alte Bilder kaufen. (**c**) Schau mal!
Michelle:	Oh, die ist wirklich sehr schön. Kann man auf dem Fest viele Dinge günstig kaufen?
Julia:	Ja. Diese Tasche zum Beispiel ist aus Leder und hat nur 35 Euro gekostet. (**d**) Jedes Jahr kommen viele Besucher. Ich dachte, du interessierst dich vielleicht dafür.
Michelle:	Danke, ich bin schon ganz neugierig. Ich hätte auch gern so eine tolle Tasche.
Julia:	Du findest bestimmt eine. (**e**) Dann können wir in Ruhe zusammen zum Stadtpark gehen und dort zu Mittag essen!
Michelle:	Okay. Ich freue mich schon!

1 Normalerweise müsste man viel mehr bezahlen.

2 Leider habe ich am Samstag keine Zeit.

3 Was für ein Fest ist es denn?

4 Das interessiert mich nicht.

5 Wollen wir zusammen das Fest besuchen?

6 Dort habe ich nichts gekauft.

7 Letztes Jahr habe ich dort diese Tasche gekauft.

8 Treffen wir uns am Samstag um 11 Uhr vor der Bibliothek?

8 バーゼル（Basel）に関する次の文章を読んで，内容に合うものを下の **1** ～ **8** から四つ選び，その番号を解答欄に記入しなさい。ただし，番号の順序は問いません。

Basel ist mit ca. 170 000 Einwohnern nach Zürich und Genf die drittgrößte Stadt der Schweiz. Diese Stadt liegt im Nordwesten des Landes und grenzt an zwei Länder: Frankreich und Deutschland. Viele Menschen fahren über die Grenze zu ihrem Arbeitsplatz in Basel. Ca. 20 000 Leute aus Frankreich und ca. 10 000 Leute aus Deutschland kommen täglich, um zu arbeiten. In Basel spricht man nicht nur Deutsch, sondern auch andere Sprachen wie Französisch oder Italienisch. Die Stadt gilt heute als eine der internationalsten Städte in der Schweiz.

1460 wurde in Basel die erste Universität in der Schweiz gegründet. Viele Gelehrte und Forscher kamen aus dem In- und Ausland in diese Stadt und arbeiteten dort. Es ist z. B. bekannt, dass der berühmte deutsche Philosoph Friedrich Nietzsche an der Universität Basel unterrichtete. Die Universitätsstadt Basel hat heute ca. 12 000 Studierende.

Neben der Bildung ist auch die Kultur kennzeichnend für diese Stadt. In Basel begegnet man Kultur in verschiedenen Formen: Musik, Theater, Architektur usw. Besonders berühmt sind aber die großen Gemäldesammlungen. In Basel gibt es über 30 Museen. Das Basler Kunstmuseum, das 1661 gegründet wurde, gehört zu den ältesten öffentlichen Kunstmuseen der Welt. Es hat zahlreiche Gemälde von weltberühmten Malern wie z. B. Picasso, van Gogh und Gauguin. Basel wird deshalb auch „Kulturhauptstadt“ der Schweiz genannt.

1 近年，バーゼルからチューリヒやジュネーヴに移り住んだ人の数はおよそ17万人である。

2 フランスやドイツから多くの人々が国境を越えてバーゼルへ働きに来る。

3 毎日およそ3万人がバーゼルから国境を越えてフランスへ通勤している。

4 バーゼルではあまりドイツ語が話されていない。

5 バーゼル大学はスイスで最初に創設された大学である。

6 ドイツの哲学者ニーチェはバーゼル大学で授業を受けていた。

7 1661年に設立されたバーゼル美術館は，世界最古の公共美術館の一つである。

8 バーゼルはスイスの文化首都とも呼ばれる。

3級

2022年度 夏期 ドイツ語技能検定試験

筆記試験 解答用紙

受験番号	氏名

手書き数字見本

曲げない　すきまを開ける　上につき出す　角をつける　閉じる

0 1 2 3 4 5 6 7 8 9

横線つけない　角をつける　閉じる

1	(1)		(2)		(3)		(4)			
2	(1)		(2)		(3)		(4)			
3	(1)		(2)		(3)		(4)			
4	(1)		(2)		(3)		(4)			
5	(1)		(2)		(3)		(4)			
6	(1)		(2)		(3)					
7	a		b		c		d		e	
8										

🔊 17

2022 年度 夏期 ドイツ語技能検定試験

3 級

聞き取り試験　解答の手引き

（試験時間　約 30 分）

> 出題は新しい正書法（単語のつづり方などに関する規則）に従います。解答は新旧いずれの方式でも認めます。

―――注　意―――

■受験票と机の上の受験番号が同じであることを確認してください。

■携帯電話，スマートフォン，スマートウォッチ等の電子機器類は電源を切り，カバン等にしまってください。机の上に置いてはいけません。

■中途退場は認めません。

①指示があるまでページを開いてはいけません。

②聞き取り試験は 3 部から成り立っています。

③試験監督者の指示に従って，解答用紙の所定の欄に，受験番号・氏名を記入してください。

④放送の指示でページを開き，解答のしかたをよく読んでください。

⑤解答は黒の HB の鉛筆で強めに記入してください。
書き直す場合には，消しゴムできれいに消してから記入してください。

⑥解答はすべて試験時間内に解答用紙の指定された箇所に記入してください。

⑦記入する数字は，下記の見本に従って書いてください。

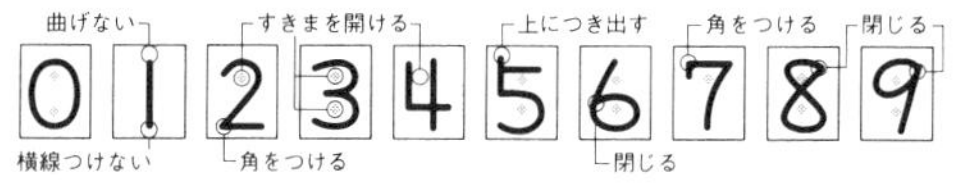

⑧アルファベットは大文字と小文字の判別ができるようにはっきりと書いてください。

■試験が終わっても，指示があるまで席を立たないでください。

■解答用紙は持ち帰ってはいけません。

■この問題冊子の無断転載，無断複製を禁じます。

18

第 1 部　Erster Teil

1. 第 1 部は問題(**1**)から(**3**)まであります。
2. ドイツ語の短い会話を 2 回放送します。
3. 設問の答えとして最も適切なものを選択肢 **1** ～ **4** から選び，その番号を解答用紙の所定の欄に記入してください。
4. メモは自由にとってかまいません。

(**1**) Warum möchte Paula heute kein Eis essen?

1 Sie hat Bauchschmerzen.
2 Sie hat Halsschmerzen.
3 Sie hat Kopfschmerzen.
4 Sie hat Zahnschmerzen.

(**2**) Was wollen die beiden trinken?

1 Sie wollen Rotwein aus Deutschland trinken.
2 Sie wollen Rotwein aus Frankreich trinken.
3 Sie wollen Weißwein aus Deutschland trinken.
4 Sie wollen Weißwein aus Frankreich trinken.

(**3**) Wann kommt Herr Mayer ins Büro zurück?

1 Um 14:30 Uhr.
2 Um 14:45 Uhr.
3 Um 15:15 Uhr.
4 Um 15:30 Uhr.

19

第 2 部　Zweiter Teil

1. 第 2 部は，問題(**4**)から(**6**)まであります。
2. まずドイツ語の文章を放送します。
3. 次に，内容についての質問を読みます。間隔を置いてもう一度放送します。
4. 質問に対する答えとして最も適した絵をそれぞれ **1** ～ **3** から選び，その番号を解答用紙の所定の欄に記入してください。
5. 以下，同じ要領で問題(**6**)まで順次進みます。
6. 最後に，問題(**4**)から(**6**)までの文章と質問をもう一度通して放送します。
7. メモは自由にとってかまいません。

20

第 3 部　Dritter Teil

1. 第 3 部は，問題 (**7**) から (**10**) まであります。
2. まずドイツ語の会話を放送します。それに続き，この会話の内容に関する質問 (**7**) ～ (**10**) を読みます。
3. そのあと，約 30 秒の間をおいてから，同じ会話をもう一度放送します。
4. 次に質問 (**7**) ～ (**10**) をもう一度読みます。
5. 質問に対する答えとして，(**7**)，(**10**) には適切な一語を，(**8**)，(**9**) には算用数字を解答用紙の所定の欄に記入してください。なお，単語は大文字と小文字をはっきり区別して書いてください。
6. メモは自由にとってかまいません。
7. 質問 (**10**) の放送のあと，およそ 1 分後に試験終了のアナウンスがあります。試験監督者が解答用紙を集め終わるまで席を離れないでください。

(**7**) Sie kaufen Eier, ____________, Wurst und Käse.

(**8**) Der Markt ist bis □□ Uhr geöffnet.

(**9**) Sie haben □□ leere Bierflaschen.

(**10**) Sie ____________ die Flaschen ab.

3級　**2022年度 夏期 ドイツ語技能検定試験**

聞き取り試験 解答用紙

受験番号	氏名

手書き数字見本

曲げない　すきまを開ける　上につき出す　角をつける　閉じる

0 1 2 3 4 5 6 7 8 9

横線つけない　角をつける　閉じる

【第 1 部】

(1)		(2)		(3)	

【第 2 部】

(4)		(5)		(6)	

【第 3 部】

(7) Sie kaufen Eier, ＿＿＿＿＿＿＿＿＿＿ ,Wurst und Käse.

採点欄

(8) Der Markt ist bis □□ Uhr geöffnet.

(9) Sie haben □□ leere Bierflaschen.

(10) Sie ＿＿＿＿＿＿＿＿＿＿ die Flaschen ab.

採点欄

夏期《3級》 ヒントと正解

【筆 記 試 験】

1 発音とアクセント

正解 (1) 2 (2) 2 (3) 1 (4) 3

発音やアクセントの位置，母音の長短，文を読む際の強調箇所に関する問題です。発音の基本的な規則の他に，特殊な読み方をする外来語などについての知識が必要です。

(1) 子音字 v に関する問題です。ドイツ語では原則として，子音字 v を無声音の [f] と発音します。選択肢の中で選択肢 **2** の sinnvoll (意味のある) のみがゲルマン語に由来するもともとドイツ語の語です。名詞 Sinn (意味) と形容詞の voll (〜で満ちた) が合わさってできている合成語であり，voll の v が無声音の [f] と発音されるため，sinnvoll の v も [f] と発音します。したがって，正解は選択肢 **2** です。voll は抽象名詞に付けて「〜で満ちた」を意味する形容詞を作ることも確認してください。選択肢 **1** の Karneval (カーニバル) はラテン語に由来しており，イタリア語を通じてドイツ語に移入された語で，v を有声音の [v] と発音します。25.38% の解答が選択肢 **3** を選んでいましたが，vegetarisch (菜食主義の) はラテン語に由来する語であり，v は有声音の [v] と発音されます。また，21.20% の解答が選択肢 **4** を選んでいました。Violine (ヴァイオリン) はイタリア語に由来し，V は有声音の [v] と発音されます。楽器などの音楽に関する語はイタリア語に由来するものが多く，Klavier (ピアノ) の v も有声音の [v] で発音されます。[正解率 44.95%]

(2) 語のアクセントの位置に関する問題です。ドイツ語では原則として，語の最初の音節の母音にアクセントが置かれますが，語頭が非分離前つづり (be-, er-, ver- など) である語や，外来語の多くは最初の母音にアクセントが置かれません。また，もともとドイツ語である語であっても，アクセントに注意すべきものもあります。選択肢 **1** の Hintergrund (背景) は，前置詞 hinter (〜の後ろ) と名詞 Grund (下地) から成る語です。hinter は名詞の前に付くと「後ろ，奥，裏」などを意味し，必ずアクセントが置かれます。そのため，Hintergrund も下線部 i

にアクセントが置かれます。選択肢 **2** の hinein（あちらの中へ）ですが，hin は方向を示す副詞に付けて「あちらへ」を意味し，アクセントを持ちません。この場合の ein は「中へ」を意味する副詞です。したがって，正解は選択肢 **2** です。選択肢 **3** の Hinweis（指示）は分離動詞 hin|weisen（指示する）に由来します。分離動詞の前つづりにはアクセントが置かれることから，名詞化された語である Hinweis の下線部 i にもアクセントが置かれます。選択肢 **4** の wohin（どこへ）は，疑問詞 wo（どこ）と副詞 hin（あちらへ）から成る語です。wo は副詞と合わさった場合にアクセントを持ちませんので，下線部 i にアクセントが置かれます。woher（どこから）もアクセントの位置は e であることを確認してください。［正解率 64.32%］

（**3**）母音の長短に関する問題です。ドイツ語では原則として，アクセントが置かれる母音に続く子音字が一つの場合，その母音は長く，続く子音字が二つ以上であれば短く読まれます。しかし，外国語に由来する語であるといった理由から，頻繁に使用される語であってもこの法則にあてはまらないものがあります。選択肢 **1** の eben（今しがた）はゲルマン語由来のもともとドイツ語である語であり，ドイツ語の原則のとおりに第 1 音節のアクセントのある母音 e を長く発音します。したがって，正解は選択肢 **1** です。選択肢 **2** の egal（どうでもよい），選択肢 **3** の elegant（洗練された），そして選択肢 **4** の extra（別に）はラテン語に由来する語です。ラテン語に由来する語はアクセントが後ろの母音に置かれることが多く，egal はアクセントの位置する a を長く発音し，elegant はアクセントの置かれた a を短く発音します。そして egal と elegant は，ともに下線部の e が短く発音されます。しかし，extra は第 1 音節の e にアクセントが置かれ，短く発音されます。このような外国語に由来する語の発音は，個々の語の発音を覚える必要がありますので注意してください。［正解率 82.67%］

（**4**）文の中で最も強調して発音される語を選ぶ問題です。一般的に，文の中で最も重要な情報である語が強調して発音されます。**A** が「ママ，私今から出かけるね。ああ，雨が降っている」と言うと，**B** が「雨傘を持っていきなさいよ」と応答します。母である **B** が，出かけようとする子ども **A** に雨傘を持っていくように助言しているという状況から，選択肢 **3** の Regenschirm（雨傘）が最も伝えたい情報であると理解できます。したがって，正解は選択肢 **3** です。［正解率 85.22%］

◇この問題は 12 点満点（配点 3 点×4）で，平均点は 8.31 点でした。

1 ここがポイント！

＊発音やアクセントの位置に関するドイツ語の基本的な原則を覚えることに加えて，特に頻繁に使われる外来語や非分離前つづりを含む語の発音を正確に覚えるようにしよう！
＊発音する際には，その語がどの語に由来してできたのかについても意識しよう！
＊会話においては重要な情報が何であるかに注意し，それが相手に伝わるようにキーワードとなる語を強調して発音するよう心がけよう！

2 前置詞

正 解　(**1**)　**3**　(**2**)　**1**　(**3**)　**2**　(**4**)　**3**

前置詞に関する問題です。前置詞は，時間や場所などさまざまな意味関係を表します。また，特定の動詞や形容詞との組み合わせで用いられる場合があります。

(**1**) 名詞 Abschied は「別離，別れ」という意味で，von et[3] Abschied nehmen で「～に別れを告げる」という表現です。過去分詞 genommen の不定形は nehmen です。したがって，正解は選択肢 **3** の von です。問題文は「日本から来ているその生徒は，ホストファミリーにお別れを言った」となります。なお，選択肢 **1** の an を選んだ解答が 28.54%，選択肢 **4** の zu を選択した解答が 23.96% ありました。他の選択肢にある前置詞も 3 格を取る前置詞ですが，いずれも意味が通らず，解答として適切ではありません。[正解率 38.23%]

(**2**) 問題文の nahm ... teil から分離動詞の不定形 teilnehmen を導くことができるかが大きなポイントになります。動詞 teilnehmen は an et[3] teilnehmen で「～に参加する」という意味になります。したがって，正解は選択肢 **1** の an です。問題文は「その俳優はその催事に参加した」という意味です。なお，選択肢 **2** の mit を選んだ解答が 39.86% ありました。動詞 teilnehmen には前置詞 mit と結びつく用法がないので，正解にはなりません。[正解率 43.83%]

(**3**) 形容詞 berühmt は前置詞 für と結びついて，「～で有名な」という意味になります。したがって，正解は選択肢 **2** の für です。問題文は「その街はお城でとても有名だ」という意味です。選択肢 **4** の vor を選んだ解答が 17.02% ありました。形容詞 berühmt には前置詞 vor と結びつく用法はないので，この問題文

の解答としては適切ではありません。[正解率 62.59%]

(**4**) この問題では，形容詞 zufrieden が鍵になります。形容詞 zufrieden は mit et[3] zufrieden sein で「〜に満足している」という意味になります。したがって，正解は選択肢 **3** の mit です。問題文は「その映画監督は自分の映画に満足している」という意味です。なお，選択肢 **2** の in を選択した解答が 15.60% ありましたが，形容詞 zufrieden には前置詞 in と結びつく用法はありませんので，不正解です。[正解率 66.87%]

◇この問題は 12 点満点 (配点 3 点×4) で，平均点は 6.35 点でした。

2 ここがポイント！

* 前置詞の基本的な意味と格支配をマスターしよう！
* よく使われる「動詞＋前置詞」や「形容詞＋前置詞」の組み合わせはひとまとまりの表現として覚えよう！
* 形容詞 berühmt が前置詞 für と結びついて「〜で有名な」という意味を表すように，特定の形容詞と結びつく前置詞の用法を覚えよう！

3 動詞と助動詞 (現在完了形・接続法・受動構文・zu 不定詞)

正解 (**1**) **4** (**2**) **1** (**3**) **4** (**4**) **4**

動詞や助動詞に関する問題です。現在完了形，接続法，受動構文，zu 不定詞など，さまざまな時制や用法における適切な形を選ぶ必要があります。

(**1**) 問題文がコンマによって二つの部分に区切られていることに注目しましょう。コンマの直後に um という語が置かれており，この後に zu 不定詞 (句) を続けることで「〜するために」という意味のまとまりを作ることができます。したがって正解は選択肢 **4** となり，「パウルは将来通訳になるために現在日本語を勉強している」という意味の文が完成します。[正解率 70.74%]

(**2**) 問題文の最後に bekommen という語が置かれています。これは「もらう，受け取る」という意味の動詞ですが，ここでは不定形や人称変化形ではなく，過去分詞であることに注意する必要があります。bekommen は非分離動詞なので，過去分詞でも頭に ge- が付きません。各選択肢には sein と haben の現在人称変化形が並んでいるため，文末の過去分詞と組み合わせることで現在完了形の文が作られようとしていることがわかります。bekommen は他動詞なので，完了の助動詞として sein ではなく haben を取ります。そして，問題文では主語が ihr であることから，正解は選択肢 **1** です。これにより，「きみたちはもう彼から知らせを受け取った？」という意味の文が完成します。［正解率 43.93%］

(**3**) 文末に置かれた gegründet という語は，動詞 gründen (設立する) の過去分詞です。それぞれの選択肢には haben，sein，werden の人称変化形が挙げられていますが，問題文の主語が diese Firma (この会社) であること，そして文末に他動詞 gründen の過去分詞 gegründet が置かれていることから，ここでは「この会社」が「設立される」という受動構文が作られるものと予想することができます。受動構文には「～されている，～されたままである」という意味の状態受動構文，「～される」という意味の動作受動構文の 2 種類があり，状態受動構文では sein，動作受動構文では werden をそれぞれ助動詞とし，文末の過去分詞と組み合わせます。問題文には am Ende des 19. Jahrhunderts (19 世紀末に) という過去の一時点を表す語句があり，これはこの会社が「設立された」時を表すものと考えられますから，空欄には動作受動を構成する助動詞 werden の過去形が入れられます。したがって正解は選択肢 **4** です。これにより，「この会社は 19 世紀末に設立された」という意味の文が完成します。［正解率 50.46%］

(**4**) 文末には動詞 schaffen (～を成し遂げる) の不定形が置かれています。そのため，空欄には不定形と結びつく助動詞を入れる必要があります。選択肢にはいずれも接続法の形を取った語が挙げられていますが，これらのうち，不定形と組み合わせることができるのは選択肢 **4** の würde のみです。würde は werden の接続法第Ⅱ式であり，不定形と組み合わせることでその不定形の動詞の接続法第Ⅱ式の形を作ります。問題文では，文頭に ohne deine Hilfe (きみの助けなしで) という前置詞句が置かれていますが，これは「もしもきみの助けがなければ」という仮定の意味が副文の形を取らず，前置詞句に圧縮されたものです。接続法第Ⅱ式と組み合わされることで，仮定に対する帰結の意味が付与され，「きみの助けがなければ，私はこの仕事を成し遂げられないだろう」という文が完成します。したがって，正解は選択肢 **4** です。なお，選択肢 **1** を選んだ解答が 42.20% ありましたが，上述したように hätte は不定形と組み合わせることができません。［正解率 34.66%］

◇この問題は 12 点満点 (配点 3 点×4) で，平均点は 5.99 点でした。

3 ここがポイント！

＊さまざまな助動詞（完了・受動・使役・話法の助動詞など）の用法を覚える際には，ペアになる要素がどのような形を取るのか（不定形・過去分詞・zu 不定詞）もあわせて覚えるようにしよう！
＊過去分詞や zu 不定詞など，動詞のさまざまな形をコツコツと確実に覚えていこう！

4 接続詞・疑問代名詞・形容詞など

正解 (**1**) **2** (**2**) **1** (**3**) **4** (**4**) **4**

接続詞，疑問詞，関係代名詞，形容詞に関する問題です。

(**1**) 接続詞に関する問題です。問題文は「私は今からもう自分のベルリン旅行を計画している，(　　) 私は航空券を安く購入できる」という意味です。選択肢 **1** の daher は「それゆえ」，選択肢 **2** の damit は「〜するために」，選択肢 **3** の denn は「なぜなら」，選択肢 **4** の ob は「〜かどうか」という意味です。問題文のコンマ以降の後半部は，定動詞 kann が文末に置かれていることから，副文だとわかります。したがって，空欄には従属接続詞が入ります。選択肢 **1** は副詞的接続詞であり，副文を導く働きをしないため，空欄には適しません。選択肢 **3** は，問題文の後半部が前半部の理由を述べている点では空欄に適しているように見えますが，並列接続詞であり，副文を導く作用をしないため，空欄には適しません。選択肢 **4** はたしかに従属接続詞ですが，「私は航空券を安く購入できるかどうか，今からもう自分のベルリン旅行を計画している」という不自然な意味になるため，空欄には適しません。したがって，正解は選択肢 **2** です。問題文全体は「私は航空券を安く購入できるように，今からもう自分のベルリン旅行を計画している」という意味です。なお，選択肢 **3** を選んだ解答が 49.44% ありました。[正解率 29.56%]

(**2**) 適切な疑問詞を選択する問題です。問題文は直訳すると「きみはそもそも知っているのですか，(　　) 私の娘が今話しているのかを」という意味です。後半部の文末に定動詞 spricht（話す）があることから，後半部が副文であること，また，空欄に入る語はその副文を導く主語 meine Tochter（私の娘）の「話す相手」ないしは「話す内容」を問う疑問詞であることが予想できます。選択肢 **1** の mit wem は「誰と」，選択肢 **2** の wann は「いつ」，選択肢 **3** の wer は「誰が」，

選択肢 **4** の woher は「どこから」という意味で，四つの選択肢には，「話す内容」を問う疑問詞がありません。選択肢 **2** は時を尋ねる疑問詞ですが，問題文の副詞 gerade（今）が「いつ私の娘が話しているか」をすでに示しているため，空欄には適しません。選択肢 **3** は，主語の meine Tochter と同じ主語として重複するため，空欄には適しません。選択肢 **4** は場所を問う疑問詞なので，空欄には適しません。したがって，正解は選択肢 **1** です。問題文全体は「私の娘が誰と今話しているのか，きみはそもそも知っているのですか」という意味です。なお，選択肢 **2** を選んだ解答が 21.92% ありました。［正解率 56.78%］

（**3**）関係代名詞に関する問題です。問題文の前半部は「ミュンヘンには一つの美術館がある」という意味です。後半部では，話法の助動詞 können の定形 kann が文末に後置されています。このことから，後半部全体が副文であり，空欄には副文を導く語句が入ることが予想されます。四つの選択肢からは，その語句が関係代名詞であることがわかります。関係代名詞は，先行詞の性と数，また関係文（副文）中での文法的役割に応じて形が変わります。そのうえ先行詞は，ふつう関係代名詞の直前にあります。問題文の場合，前半部の ein Museum（一つの美術館）が先行詞です。後半部の関係文の文頭に man（人は）という 1 格の不定代名詞があることから，後半部の関係文では，先行詞の ein Museum が主語ではないことが予想できます。また，4 格目的語 das Meisterwerk（傑作）があることから，先行詞 ein Museum に相当する関係代名詞は場所を意味する語句であり，後半部の関係文が「美術館で，人はその傑作を見ることができる」を意味すると予想できます。したがって，先行詞 ein Museum に相当する関係代名詞に前置詞 in を結びつける必要があります。また，ein Museum が das Meisterwerk を見ることできる場所を意味する語であることから，in の後ろは 3 格になります。したがって，正解は選択肢 **4** です。問題文全体は「ミュンヘンには，傑作を見ることのできる美術館がある」という意味です。なお，選択肢 **3** を選んだ解答が 16.51% ありました。［正解率 64.73%］

（**4**）形容詞に関する問題です。形容詞は，直前の冠詞の有無あるいは冠詞の種類と直後にある名詞の性・数・格に応じて形が変わります。形容詞の変化は，無冠詞の場合は強変化，定冠詞と結びつくと弱変化，不定冠詞と結びつくと混合変化となります。これは，形容詞の比較級と最高級においても同じです。四つの選択肢はすべて，teuer（高価な）の原級と最高級の変化形です。問題文では，eines der (　　) Autos（それらの（　　　）自動車のうち 1 台）という語句に注目します。定動詞 kaufte（買った）の目的語として，eines が中性単数 4 格の不定代名詞であり，中性名詞 Auto に相当することが予想できます。また，eines の直後にある der は，空欄の直後にある複数形 Autos（自動車）の定冠詞であることから，eines にかかる複数 2 格であると判断できます。したがって，空欄には，弱変化させた複数 2 格の語尾 -en を付けた形容詞が入ります。正解は選択肢 **4** です。問題文全体は「ノイマンさんは，その店で最も高価な自動車のうちの 1 台を購入した」という意味です。なお，選択肢 **2** を選んだ解答が 24.57% ありました。［正解率 47.40%］

◇この問題は 12 点満点（配点 3 点×4）で，平均点は 5.95 点でした。

4 ここがポイント！

＊接続詞ごとに，後続する文において動詞がどの位置に置かれるのかを確認しよう！
＊疑問詞は，それと結びつく動詞に応じて決まってくることに注意しよう！
＊形容詞を用いるときは，直前の冠詞の有無あるいは冠詞の種類と直後の名詞の性・数・格に応じた語尾変化をしっかり確認しよう！

5 語彙（動詞・形容詞・慣用表現など）

正解　**(1)　2　　(2)　3　　(3)　1　　(4)　2**

動詞，形容詞，慣用表現などに関する問題です。よく使われる言い回しに関する知識や，文脈に合わせて適切な語を選ぶ力が求められます。

(1) 問題文は「急いで！　そうしないと私たちバス（　　）！」という意味です。「急いで！」という命令文に続く文ですので，den Bus と組み合わせて「バスに乗り遅れる」という意味になる動詞を選択する必要があると予想できます。選択肢 **1** の vergessen は「忘れる」，選択肢 **2** の verpassen は「乗り遅れる」，選択肢 **3** の versprechen は「約束する」，選択肢 **4** の verstehen は「理解する」という意味です。このうち適切なのは選択肢 **2** の verpassen です。したがって，正解は選択肢 **2** です。完成した文は「そうしないと私たちバスに乗り遅れてしまう！」という意味になります。［正解率 78.19%］

(2) 問題文は「私に怒っている（　　）?」という意味です。böse（怒っている）の後にコンマがありますので，その後にある nicht とともに特定の意味を表す単語を選ぶ必要があります。相手に対し念を押す表現として〜 , nicht wahr? (〜でしょう?) があります。したがって，正解は選択肢 **3** です。wahr は「本当の」という意味の形容詞です。完成した文は「私に怒っているのでしょう？」という意味になります。[正解率 65.14%]

(**3**) 問題文の空欄より後ろの部分は「あなたたちの妹がちょうど眠りについたところなんだから！」という意味です。空欄を含む文では，せっかく眠りについた幼子を起こさないようにするため，子どもたちに静かにするよう注意していると予想できます。選択肢 **1** の Lärm は「騒音」，選択肢 **2** の Raum は「部屋，空間」，選択肢 **3** の Regen は「雨」，選択肢 **4** の Schuh は「靴」です。Lärm machen で「騒ぐ」という意味になります。したがって，正解は選択肢 **1** です。完成した文は「子どもたち，騒がないで！」という意味になります。[正解率 44.34%]

(**4**) 問題文は「調子よくないの？ —うん，(　　)」という意味の会話文です。選択肢 **1** の angenehm は「快適な」，選択肢 **2** の erkältet は「風邪をひいた」，選択肢 **3** の gut は「よい」，選択肢 **4** の schlecht は「悪い」という意味です。選択肢のうち，調子を答える文として成立するのは選択肢 **2** の erkältet です。したがって，正解は選択肢 **2** です。完成した文は「うん，風邪をひいているんだ」という意味になります。疑問文の中に否定詞がある際には，doch または nein で答えます。調子がよくない場合には nein が用いられます。なお，選択肢 **3** を選んだ解答が 31.40%，選択肢 **4** を選んだ解答が 31.50% ありました。gut や schlecht も調子を答える際に用いられますが，Es geht mir gut. のように es が主語であることが前提です。この問題文の主語は ich ですので gut と組み合わせても調子がいいという意味にはなりません。暑さ寒さを表す heiß や kalt も同様に es ではなく ich を主語にするとニュアンスが異なりますので注意しましょう。[正解率 31.09%]

◇この問題は 12 点満点 (配点 3 点×4) で，平均点は 6.56 点でした。

5 ここがポイント！

＊名詞を覚える際には，特定の結びつきで使われる動詞もチェックしておこう！

＊単語の意味だけではなく，文法や文脈にも注目して正解を導き出そう！

6 手紙文理解

正 解 **(1) 1** **(2) 2** **(3) 3, 5** (順不同)

メールの文面を読んだ上で内容を正しく理解できるかどうかを問う問題です。ドイツ語のメールには，手紙に準じた独自の形式があります。以下は，問題で使用されたテキストの日本語訳です。

送信者: セイイチ・ハタノ
受信者: テーオ・シュナイダー
件名: ベルリン旅行
日付: 2022年5月5日

親愛なるテーオ

調子はどうだい？
長い間きみに連絡ができなくて，本当にごめん。大学の勉強があまりに忙しかったんで，ぼくは今までぜんぜん時間がなかった。きみは今何をしているの？
ところできみに伝えたいことがあったんだよ。ぼくは今年の夏，ベルリンへ旅行するための時間がようやくまた取れるんだ。ぼくたち，また一緒に何かできるんじゃないかな。2人でドレスデンへ行くっていうのは (**A**) どうだい？ きみの考えを聞いてみたい。
ぼくが交換留学生として2ヶ月間ベルリンに滞在し，ぼくたちが一緒にたくさん楽しいことをして過ごしたあの2017年の日々をよく思い出すんだ。ぼくたちはマンガについてたくさんしゃべって，よくベルリン市内を散歩していたけれど，そのどれもが本当に楽しかった。ブランデンブルク門，テレビ塔，博物館島などのような，ぼくたちが一緒に訪れた色々なベルリンの (**B**) の写真も，ぼくはよく眺めているよ。あの時経験したことがもう一度できたらいいな。
それじゃあ，今年の夏，時間があるか教えてね。そしたらぼくは，ベルリン滞在中に宿泊するペンションの部屋を予約できるから。

ではよろしく。良い週末を過ごしてね。

セイイチ

テキストは，セイイチがテーオに宛てたメールの文面です。セイイチが夏にテーオと一緒に何かしたいと望んでいることがテーマとなっています。この問題では，文脈的に適切な語を選択できるかどうか，文意を正確に理解できるかどうか，テキストの内容を正しく把握できるかどうかが問われています。

(**1**) は，下線部 (**A**) の言い換えとして適切なものを選ぶ問題です。三つの選択肢の意味は以下の通りです。

1　…についてきみはどう思う
2　きみは何を予定しているの
3　私たちは何をするの

下線部 (**A**) の wie wäre es は，しばしば従属接続詞 wenn で始まる副文を伴い「(～というふうにしたら) どうでしょうか」と相手の考えを尋ねる表現です。したがって，正解は選択肢 **1** です。下線部 (**A**) を含む文全体は，「私たちが一緒にドレスデンに行くというのはどうですか」という意味です。なお，選択肢 **3** を選んだ解答が 44.75% ありましたが，動詞 machen (する) を含む選択肢 **3** は「相手の行為」を問う疑問文であることから，wie wäre es の言い換えとして適切ではありません。[正解率 41.90%]

(**2**) は，空欄 (**B**) に入る適切な名詞を選ぶ問題であり，文脈から適切な語彙を判断する力が求められています。空欄 (**B**) を含む文は，「ブランデンブルク門，テレビ塔，博物館島などのような，ぼくたちが一緒に訪れた色々なベルリンの (**B**) の写真も，ぼくはよく眺めています」という意味です。選択肢 **1** の Ländern は「国々」，選択肢 **2** の Sehenswürdigkeiten は「観光名所」，選択肢 **3** の Spezialitäten は「特産品」，選択肢 **4** の Städten は「町々」を意味します。具体的に列挙された名詞 das Brandenburger Tor (ブランデンブルク門)，den Fernsehturm (テレビ塔)，die Museumsinsel (博物館島) が国でも特産品でも町でもなく場所であることから，空欄 (**B**) には「観光名所」が入ることが推測できます。したがって，正解は選択肢 **2** です。なお，選択肢 **4** を選んだ解答が 24.26% ありました。[正解率 55.96%]

(**3**) は，テキストの内容に合致する選択肢を選ぶ問題です。選択肢 **1** は「セイイチは今年の夏，自宅ですることがとても多い」という意味です。テキスト第 2 段落第 2 文に「大学の勉強があまりに忙しかったんで，ぼくは今までぜんぜん時間がなかった」とあり，第 3 段落第 1 文で「ぼくは今年の夏，ベルリンへ旅行するための時間がようやくまた取れるんだ」と続くことから，今年の夏にセイイチは自宅ですることが多いわけではないことがわかります。したがって，選択肢 **1** は不正解です。選択肢 **2** は「セイイチは友人のテーオのことを心配している」という意味です。テキスト第 3 段落の最後の文で，「2 人でドレスデンへ行くっていうのはどうだい？」とあり，その後に「きみの考えを聞いてみたい」と続くことから，あくまでセイイチがテーオに今年の夏の予定についての考えを尋ねており，テーオの状況に不安を感じていないことがわかります。したがって，選択肢 **2** は不正解です。選択肢 **3** は「セイイチは 2017 年テーオとともにベルリンで色々な経験をして楽しかった」という意味です。テキスト第 4 段落第 1 文で，「ぼくが交換留学生として 2 ヶ月間ベルリンに滞在し，ぼくたちが一緒にたくさん楽しいことをして過ごしたあの 2017 年の日々をよく思い出すんだ」とあることから，セイイチが 2017 年のベルリンでテーオと過ごした楽しかった時間を懐かしんでいることがわかります。したがって，選択肢 **3** は正解です。［正解率 80.33%］選択肢 **4** は「セイイチはドレスデンで過ごした時間をよく思い出す」という意味です。テキスト第 3 段落の最後の文で，「2 人でドレスデンへ行くっていうのはどうだい？」とあり，続く第 4 段落第 1 文で，2017 年に過ごしたベルリンでのことをよく思い出すと述べています。このことから，ドレスデンはセイイチがテーオに訪問することを提案した街であり，セイイチがよく思い出すのは 2017 年にベルリンでテーオと過ごした時間であることがわかります。したがって，選択肢 **4** は不正解です。選択肢 **5** は「セイイチは，テーオが彼と一緒にまた何かしたいかどうかを知りたいと思っている」という意味です。テキスト第 4 段落の最後の文で，「あの時経験したことがもう一度できたらいいな」とあり，その後で「それじゃあ，今年の夏，時間があるか教えてね」と続いています。このことから，セイイチがテーオに対し，2017 年に一緒に経験したようなベルリンでの時間を今年の夏にも作れるか，尋ねていることがわかります。したがって，選択肢 **5** は正解です。［正解率 77.57%］

◇この問題は 12 点満点（配点 3 点×4）で，平均点は 7.67 点でした。

6 ここがポイント！

＊メールや手紙などで使われる，予定を尋ねる疑問表現を覚えよう！
＊「いつ・どこで・誰が・何を・誰に」という情報を正確に整理できるようにしよう！
＊テキストにさまざまな情報が含まれている場合，書き手が読み手に対し最も伝えたいことは何か正しく把握しよう！

7 会話文理解

正 解　(a) 5　(b) 3　(c) 7　(d) 1　(e) 8

空欄に適切な表現を補い，意味的に自然な流れの会話文を完成させる問題です。選択肢の文の意味を正しく理解するだけでなく，空欄の前後の文の意味を把握して，会話の流れを追いながら空欄に入れるべき選択肢を決定します。テキストは，ユーリアとフランスからの留学生ミシェルの会話です。

内容

ミシェル：やあ，ユーリア。元気？

ユーリア：やあ。ありがとう，元気よ。次の土曜日にここで街のお祭りがあることを知っている？ (a)

ミシェル：それは面白そうね！ (b)

ユーリア：それはワイン祭りでね，毎年開催されているのよ。今年もたくさんの催し物が計画されているの。例えば，マルクト広場でコンサートがあるわ。市立公園に出る多くの小さなお店が，たくさんのワインや他の飲み物と地元の特産品も売るのよ。おまけにそこでは手作りの品や古い絵なんかも買えるの。(c) ちょっとこれ見て！

ミシェル：ああ，これ本当にすごくきれい。そのお祭りではたくさんのものがお手頃な価格で買えるの？

ユーリア：そうなの。例えばこのバッグは革製で，たったの 35 ユーロよ。(d) 毎年たくさんの来場者が来るの。あなたもひょっとして興味があるんじゃないかと思って。

ミシェル：ありがとう，私，今からとっても興味津々よ。私もそんな感じの素敵なバッグを欲しいと思っていたの。

ユーリア：きっと素敵なバッグが見つかるわよ。(e) それからゆっくり市立公園へ一緒に行って，そこでお昼ご飯を食べられるわ。

ミシェル：わかった。楽しみにしているわね。

1　ふつうはもっとたくさん支払わなければならないわ。
2　残念ながら土曜日は時間がないの。
3　それは一体どんなお祭りなの？
4　それには興味がないわ。
5　一緒にそのお祭りに行きましょう？

6　そこでは私は何も買わなかったの。
7　去年私はそこでこのバッグを買ったの。
8　土曜日の 11 時に図書館の前で待ち合わせしましょう？

(**a**)：ユーリアがミシェルに，街でお祭りがあることを知っているかと尋ねた後の言葉です。(**a**) の後でミシェルが「それは面白そうね！」と言います。まだお祭りの具体的な内容には言及されていませんので，会話の導入としてユーリアがミシェルをお祭りに誘う，選択肢 **5** の「一緒にそのお祭りに行きましょう？」が正解であると考えることができます。したがって，正解は選択肢 **5** です。［正解率 86.54%］

(**b**)：ミシェルの発言 (**b**) に対して，ユーリアがお祭りの具体的な内容を説明します。ミシェルはユーリアに対して，お祭りに関する質問をしたと推測できます。したがって，was für ...? (どんな種類の～？) を意味する疑問の表現を含む，選択肢 **3** の「それは一体どんなお祭りなの？」が正解です。［正解率 94.70%］

(**c**)：(**c**) の前の会話は「おまけにそこでは手作りの品や古い絵なんかも買えるの」であり，(**c**) の後に「ちょっとこれ見て！」が続きます。ユーリアが何かをミシェルに見せようとしている状況が想像できます。そこでユーリアの会話の後のミシェルの発言 die ist wirklich sehr schön (これ本当にすごくきれい) に注目します。この文の die は指示代名詞であり，この文の前に die が指す女性名詞の語が必要となります。この女性名詞のものが，ユーリアがミシェルに見せたいものでもあるのです。したがって，女性名詞を含む，選択肢 **7** の「去年私はそこでこのバッグを買ったの」が正解です。［正解率 59.63%］

(**d**)：ユーリアが自分のバッグが革製で 35 ユーロであったことを述べた後の文です。値段に関する表現が含まれているため，選択肢 **1** の「ふつうはもっとたくさん支払わなければならないわ」が最も適切であると理解できます。したがって，正解は選択肢 **1** です。31.80% の解答が選択肢 **7** を選んでいましたが，選択肢 **7** は (**c**) に入れるのに最も適切な文です。また，(**d**) を含むユーリアの発言の前でミシェルが「そのお祭りではたくさんのものがお手頃な価格で買えるの？」と尋ねているのに対して，ユーリアが「そうなの。例えばこのバッグは革製で，たったの 35 ユーロよ」と述べています。それに選択肢 **1** が続くことによって，バッグがいかにお買い得であるかを強調していると考えることができます。［正解率 58.82%］

(e)：**(e)** の後に続くのは，ユーリアの「それからゆっくり市立公園へ一緒に行って，そこでお昼ご飯を食べられるわ」という文です。dann（それから）という語は，前の文の内容を受けて，次の文へとつなげる働きをしますので，市立公園へ一緒に行く前の行動として適切なものを考えます。したがって，正解は待ち合わせについて述べている選択肢 **8** の「土曜日の 11 時に図書館の前で待ち合わせしましょう？」です。［正解率 87.16%］

◇この問題は 15 点満点（配点 3 点×5）で，平均点は 11.61 点でした。

7 ここがポイント！

＊最初に文全体の内容を把握しよう！
＊空欄の前後の文の種類に注目しよう！ 文頭に動詞の定形がある決定疑問文ならば，それに続く返答は ja / nein / doch で始まる文であることが多い。また，疑問詞で始まる補足疑問文であれば，返答の文が疑問詞に対応する情報を含むことが手がかりとなる。ただし，この法則にあてはまらない場合もあるため，文の意味を正確に理解しよう！
＊時制などにも注意して，自然な会話の流れとなるように注意しよう！

8 テキスト理解（内容合致）

正 解 **2**，**5**，**7**，**8**（順不同）

一定の長さのまとまったテキストを読み，内容を正しく理解できるかどうかを問う問題です。テキストは，試験のために作成されたオリジナルです。

内容：

約 17 万の人口を持つバーゼルは，チューリヒ，ジュネーヴに次ぐスイス第 3 の都市である。この街は国の北西に位置し，フランスとドイツの 2 ヶ国に接している。多くの人々が国境を越えてバーゼルにある職場へとやって来る。約 2 万人がフランスから，そして約 1 万人がドイツから，働くために毎日やって来る。バーゼルでは，ドイツ語だけではなく，フランス語やイタリア語など他の言語も話されている。この街は，今日，スイスで最も国際的な街の一つとみなされている。

1460 年，バーゼルにスイス最初の大学が設立された。多くの学者たちや研究者たちが国内外からこの街へとやって来て働いていた。例えば，有名なドイツの哲学者フリードリヒ・ニーチェがバーゼル大学で教えていたことはよく知られている。大学都市バーゼルは，今日，約 1 万 2 千人の学生を抱えている。

学問と並び，文化もまたこの街を特徴づけるものだ。バーゼルでは，音楽，演劇，建築など，さまざまな形態の文化に出会える。しかし，とりわけ有名なのが，膨大な絵画のコレクションだ。バーゼルには 30 を超える美術館がある。1661 年に設立されたバーゼル美術館は，世界最古の公共美術館の一つである。この美術館は，ピカソ，ゴッホ，ゴーギャンなど世界的に有名な画家たちによる絵画を多数所有している。それゆえバーゼルは，スイスの「文化首都」とも呼ばれている。

【語彙】Genf: ジュネーヴ（スイスの都市） an et[4] grenzen: 〜に隣接している，接している gründen: 設立する Gelehrte: 学者，識者 Forscher: 研究者 unterrichten: 教える，授業をする kennzeichnend: 特徴的な

選択肢 **1** は，テキストの内容に合致せず，不正解です。テキスト第 1 段落において触れられている約 17 万という数は，バーゼルの人口です。選択肢 **2** は，第 1 段落第 3 〜 4 文の「多くの人々が国境を越えてバーゼルにある職場へとやって来る。約 2 万人がフランスから，そして約 1 万人がドイツから，働くために毎日やって来る」に合致します。したがって，選択肢 **2** は正解です。［正解率 88.18%］選択肢 **3** は，テキストの内容に合致せず，不正解です。第 1 段落で，フランスおよびドイツからバーゼルへ働きにやって来る人の数については触れられていますが，バーゼルからフランスやドイツへ通勤している人の数については触れられていません。選択肢 **4** について，第 1 段落で「バーゼルでは，ドイツ語だけではなく，フランス語やイタリア語など他の言語も話されている」とありますので，内容に合致せず不正解です。選択肢 **5** について，第 2 段落第 1 文に「1460 年，バーゼルにスイス最初の大学が設立された」とあります。これは内容に合致しますので，選択肢 **5** は正解です。［正解率 71.46%］選択肢 **6** について，第 2 段落第 3 文に「例えば，有名なドイツの哲学者フリードリヒ・ニーチェがバーゼル大学で教えていたことはよく知られている」とあり，バーゼル大学でのニーチェは学生として教わる側ではなく，教員として授業をする側であったことがわかります。したがって，選択肢 **6** は内容に合致せず不正解です。選択肢 **7** について，第 3 段落第 4 文に「1661 年に設立されたバーゼル美術館は，世界最古の公共美術館の一つである」とありますので，これは内容的に合致します。したがって，選択肢 **7** は正解です。［正解率 77.47%］選択肢 **8** について，第 3 段落の最後の文に「それゆえバーゼルは，スイスの『文化首都』とも呼ばれている」とありますので，こ

れは内容的に合致します。したがって，選択肢 **8** は正解です。[正解率 90.93%]

◇この問題は 12 点満点 (配点 3 点×4) で，平均点は 9.84 点でした。

8 ここがポイント！

＊知らない単語が含まれている文であっても，前後の文や話の流れの中から類推できることも多い。焦らずにじっくりと読み込んでみよう！

＊地理や歴史に関する知識が，テキストを読み解く上で大きな助けとなることがある。ドイツ語圏の国や都市に関する情報は普段から積極的に吸収するように努め，有効に活用しよう！

【聞き取り試験】

第1部 会話の重要情報の聞き取り

正解 （1） 4　（2） 4　（3） 1

放送された短い会話を聞き，質問に対する答えとして最も適切な選択肢を選ぶ問題です。会話は2回放送されます。質問と選択肢は「解答の手引き」に記載されています。質問と選択肢の内容を確認した上で，質問に関わる情報を正しく聞き取る力が求められます。

放送 問題 **1**

A: Wollen wir ein Eis essen gehen, Paula? Da um die Ecke gibt es einen guten Eisladen.

B: Nein, aber danke. Eigentlich mag ich Eis sehr. Aber seit gestern habe ich Zahnschmerzen. Ich muss morgen zum Zahnarzt gehen.

A: Das tut mir aber leid für dich. Ich hoffe, morgen hast du keine Schmerzen mehr. Weißt du, ich bekomme manchmal Kopfschmerzen, wenn ich ein Eis zu schnell esse.

B: Du solltest langsamer essen.

内容：

A: アイスを食べにいこうよ，パウラ？ そこの角を曲がったところに，おいしいアイス屋さんがあるんだ。

B: やめておくわ，でもありがとう。本当は私アイスがすごく好きなのよ。だけど昨日から歯が痛くて。明日歯医者さんに行かなきゃ。

A: それはお気の毒だな。明日にはもう歯が痛くなくなっているよう願っているよ。知っているかい，ぼくはアイスをあんまり急いで食べると，時々頭が痛くなるんだよ。

B: もっとゆっくり食べたほうがいいわよ。

質問文: Warum möchte Paula heute kein Eis essen?

質問文は「なぜパウラは今日アイスを食べたくないのですか？」という意味です。会話は，男性（**A**）とその友人のパウラ（**B**）との間でなされています。会話の内容を把握し，パウラがアイスを食べたくない理由を聞き取ります。選択肢 **1**

は「彼女は腹痛がする」，選択肢 **2** は「彼女はのどが痛む」，選択肢 **3** は「彼女は頭痛がする」，選択肢 **4** は「彼女は歯が痛む」という意味です。アイスを食べにいこうと言われたパウラは，アイスは好きなのだが昨日から歯が痛むため食べられないと答えます。したがって，正解は選択肢 **4** です。［正解率 84.10%］

放送　問題 **2**

A: Was nimmst du, Josef?

B: Ich möchte heute Schnitzel essen. Dazu trinke ich einen Wein. Passt Rotwein besser zum Fleisch als Weißwein? Was meinst du?

A: Normalerweise trinkt man Rotwein zum Fleisch. Aber dieser französische Weißwein schmeckt sehr gut. Ich mag diesen Wein. Der passt auch zum Fleisch.

B: Gut, dann nehmen wir zwei Gläser von dem französischen Weißwein. Und als Vorspeise bestellen wir Spargel.

内容：

A: 何にするの，ヨーゼフ？

B: 今日はシュニッツェルを食べたいな。それとワインを1杯飲むよ。赤ワインのほうが白ワインよりも肉に合うかな？ どう思う？

A: 普通はお肉に赤ワインを飲むわね。でもこのフランスの白ワインはすごくおいしいの。私はこのワインが好きなのよ。これならお肉にも合うわよ。

B: よし，それじゃあぼくたちはそのフランスの白ワインを2杯もらおう。それと前菜にアスパラガスを注文しよう。

質問文: Was wollen die beiden trinken?

質問文は「両人は何を飲もうとしていますか?」という意味です。会話は，女性 (**A**) とその友人のヨーゼフ (**B**) との間でなされています。会話の流れを追って，彼らが何を飲もうとしているかを正確に聞き取る必要があります。選択肢 **1** は「彼らはドイツ産の赤ワインを飲もうとしている」，選択肢 **2** は「彼らはフランス産の赤ワインを飲もうとしている」，選択肢 **3** は「彼らはドイツ産の白ワインを飲もうとしている」，選択肢 **4** は「彼らはフランス産の白ワインを飲もうとしている」という意味です。ヨーゼフはシュニッツェルを食べようとしており，加えてワインを飲もうと考えています。肉料理には白ワインよりも赤ワインのほうが合うのではないかと思ったヨーゼフは，女性に意見を求めます。彼女は自分が好んでいるフランスの白ワインがおいしいのだと述べ，その白ワインは肉料理にも合うと言います。ヨーゼフは彼女の案を受け入れ，彼らはそのフランスの白

ワインを飲むこととします。したがって，正解は選択肢**4**です。[正解率 92.86%]

放送 問題**3**

A: Guten Tag! Mein Name ist Schmidt. Ist Herr Mayer in seinem Büro?

B: Guten Tag! Nein, er ist im Moment nicht im Büro. Herr Mayer hat gerade eine Besprechung. Haben Sie einen Termin?

A: Ja. Ich habe um Viertel vor drei einen Termin mit ihm. Ich bin ein bisschen zu früh. Wenn er nicht da ist, komme ich später noch einmal wieder.

B: Vielen Dank. Er kommt um halb drei zurück.

内容:

A: こんにちは。私の名前はシュミットです。マイアーさんはオフィスにいらっしゃいますか？

B: こんにちは。いいえ，彼はただ今オフィスにおりません。マイアーさんはちょうど今会議をしておりまして。お約束がおありですか？

A: はい。2時45分に彼と約束をしております。私は少し来るのが早過ぎましたね。いらっしゃらないのでしたら，後でもう一度参ります。

B: ありがとうございます。彼は2時30分に戻ります。

質問文: Wann kommt Herr Mayer ins Büro zurück?

質問文は「マイアーさんはいつオフィスに戻りますか？」という意味です。会話は，マイアー氏を訪ねて来た男性 (**A**) とマイアー氏のオフィスの女性 (**B**) との間でなされています。ここではマイアー氏が戻る時刻を正確に聞き取る必要があります。選択肢**1**は「14時30分に」，選択肢**2**は「14時45分に」，選択肢**3**は「15時15分に」，選択肢**4**は「15時30分に」という意味です。会話には，Viertel vor drei と halb drei という時間の表現が使われています。Viertel vor drei は日常会話で使用される12時間制の時刻の表現であり，2時45分と14時45分を，halb drei は同じく2時30分と14時30分を表します。14時45分はオフィスを訪ねて来た男性とマイアー氏が会う約束をしている時間です。オフィスの女性はマイアー氏が戻るのは14時30分であると述べています。したがって，正解は選択肢**1**です。21.30%の解答が選択肢**4**を選んでいましたが，halb drei というのは「3時になるのに半分」という意味です。[正解率 64.73%]

◇第1部は12点満点 (配点4点×3) で，平均点は9.67点でした。

第1部 **ここがポイント！**

＊あらかじめ「解答の手引き」に目を通して質問の内容を確認し，聞き取るべき内容を正確に把握するようにしよう！
＊会話に登場する語などを手がかりとして，会話が設定されている場面を想像しながら話の展開を追うようにしよう！
＊時刻に関する表現については，日常会話で使用される12時間制の言い方を特によく確認しよう！

第2部 テキスト内容の理解

正解　(4)　**2**　(5)　**1**　(6)　**2**

放送されたテキストと質問を聞き，その答えとして最も適した絵を選ぶ問題です。イラストに描かれている情報を手がかりに，テキスト全体のうち質問に関連する情報を正しくとらえることが求められます。

放送　問題**4**

Hier im Kulturzentrum gibt es viele Kurse. Der Kochkurs am Dienstagvormittag klingt gut. Den Jogakurs am Mittwochabend und den Spanischkurs am Donnerstagnachmittag finde ich auch interessant. Aber ich habe nur am Abend Zeit.

内容:

この文化センターでは多くのコースがあります。火曜日の午前中にある料理コースは良さそうです。水曜夕方のヨガコースや木曜午後のスペイン語コースも面白そうです。しかし，私は夕方にしか時間がありません。

質問文:　An welchem Kurs kann die Frau teilnehmen?

質問文は「この女性はどのコースに参加できますか？」という意味です。選択肢**1**では料理のコース，選択肢**2**ではヨガのコース，選択肢**3**では語学コースの様子が描かれています。テキストの音声では，料理のコースが火曜日の午前中，ヨガのコースが水曜日の夕方，スペイン語のコースが木曜日の午後に開かれることが語られています。その後で女性がAber ich habe nur am Abend Zeit.（私は夕方にしか時間がない）と述べています。したがって正解は，ヨガのコースを表す選択肢**2**です。なお，選択肢**1**を選んだ解答が14.98%，選択肢**3**を選んだ解答が11.11%ありました。それらの選択肢が表すコースは午前または午後のコースとなっており，女性がコースに参加できる時間帯と異なっています。したがって，選択肢 **1**，選択肢 **3** ともに不正解です。[正解率 73.90%]

放送　問題 **5**

Am Samstag will ich ein Picknick machen. Uwe und Katja kommen auch mit. Uwe bringt Getränke mit, Katja will Brot und Kuchen mitbringen. Ich bringe Käse und Wurst mit. Möchtest du auch mitkommen?

内容：

土曜日に私はピクニックをするつもりだ。ウーヴェとカティアも一緒に来る。ウーヴェは飲み物を，カティアはパンとケーキを持参することになっている。私はチーズとソーセージを持っていく。きみも一緒に来るかい？

質問文：　Was bringt Uwe mit?

質問文は「ウーヴェは何を持参しますか？」という意味です。選択肢 **1** は飲み物，選択肢 **2** はパンとケーキ，選択肢 **3** はチーズとソーセージが描かれ，それぞれピクニックに行く人物が持参する物が描かれています。放送では Uwe bringt Getränke mit.（ウーヴェは飲み物を持参する）と述べられています。したがって，正解は選択肢 **1** です。なお，選択肢 **3** を選んだ解答が 20.49% ありました。選択肢 **3** に描かれているチーズとソーセージは，話者の男性が持参するものなので，質問に対する適切な解答になりません。[正解率 72.38%]

放送　問題 **6**

Ich habe Robert kennengelernt, als er noch Student war. Er hat immer in der Bibliothek Bücher gelesen, aber in der Pause ist er oft im Park spazieren gegangen. Am Abend war er meistens in einer Kneipe und er hat mit seinen Freunden über Politik gesprochen.

内容：

私は，ローベルトがまだ学生だった頃に知り合いました。彼はいつも図書館で本を読んでいましたが，休憩時間にはよく公園で散歩をしていました。晩になると彼はたいてい居酒屋にいて，友人たちと政治の話をしていました。

質問文：　Wo war Robert in der Pause?

質問文は「ローベルトは休憩時間にどこにいましたか？」という意味です。選択肢 **1** は図書館，選択肢 **2** は公園，選択肢 **3** は居酒屋の店内の様子が描かれています。放送では in der Pause ist er oft im Park spazieren gegangen（休憩時間に彼はよく公園で散歩をしていました）と述べられているので，正解は公園が描かれている選択肢 **2** です。［正解率 93.27%］

◇この問題は 9 点満点（配点 3 点×3）で，平均点は 7.19 点でした。

第 2 部 ここがポイント！

＊あらかじめ「解答の手引き」のイラストなどの視覚情報に目を通し，どこが聞き取りのポイントか予測しておこう！
＊何が問われているか，質問文をよく聞き取ろう！
＊場所や時間に関連する表現や，数詞などは正確に聞き取ろう！

第 3 部 やや長い会話文の聞き取りと記述

正解　(7) **Gemüse**　(8) **13**　(9) **58**　(10) **geben**

放送された会話と質問を聞き，解答用紙の空欄に適切な語または数字を記入することにより，答えを完成させる問題です。問題 (**7**)，(**10**) では会話に出てくるキーワードを聞き取る一方，問題 (**8**)，(**9**) では数を聞き取ります。「解答の手引き」および解答用紙に記載されている表現を確認した上で補うべき情報を正しく聞き取る力が求められます。放送された会話は，クリスティアンと彼のパートナーの女性が自宅で交わしているものです。

放送

A: Christian, ich gehe gleich in die Stadt. Heute ist Markt. Haben wir eigentlich noch Eier?

B: Nein, Eier haben wir nicht mehr. Ich habe gestern das letzte Ei benutzt, um ein Omelett zu machen. Wir haben auch kein Gemüse mehr.

A: Okay, ich mache eine Liste. Also, wir brauchen Eier und Gemüse ...

B: Und wir haben auch keine Wurst und keinen Käse mehr.

A: Okay, also ... Eier, Gemüse, Wurst und Käse. Sonst noch was?

B: Nein, aber sag mal, bis wann ist der Markt heute geöffnet? 12 oder 13 Uhr?

A: Heute? 13 Uhr, denke ich. Warum?

B: Es ist jetzt 11:30 Uhr. Vielleicht können wir noch die leeren Flaschen zum Supermarkt bringen.

A: Mh, ich möchte mit dem Bus fahren. Sind es sehr viele Flaschen?

B: Ich denke, so 30 oder 40. Also müssen wir das Auto nehmen.

A: Bitte zähl die Flaschen noch mal.

B: Zehn, zwanzig, dreißig ... es sind sogar 58 Bierflaschen.

A: Okay, dann nehmen wir das Auto und fahren zuerst zum Supermarkt. Dort geben wir die Flaschen ab. Dann fahren wir zum Markt.

内容:

A: クリスティアン，私これから町に出かけるね。今日は市場の日よ。ところでまだ卵はある？

B: いや，卵はもうないよ。昨日オムレツを作るために最後の卵を使ったんだ。野菜ももうないよ。

A: オーケー，リストを作るね。じゃあ必要なのは卵と野菜と…。

B: それとソーセージとチーズももうないよ。

A: オーケー，じゃあ…卵，野菜，ソーセージ，チーズ。他にもある？

B: ない。でも，ねえ市場は今日何時まで開いてる？ 12時？ 13時？

A: 今日？ 13時だと思う。なぜ？

B: 今11時半だ。空き瓶もスーパーに持っていけるかもしれないな。

A: うーん，私バスで行こうと思っているんだけど。瓶はとてもたくさんあるの？

B: 30か40くらいあると思う。だからぼくたち車で行かなきゃ。

A: 瓶をもう一度数えてみて。

B: 10，20，30…いやビール瓶は58本もある。

A: オーケー，じゃあ車で行って，まずスーパーに行こう。そこで瓶を引き渡そう。その後市場に行こう。

放 送 問題 **7**

質問文: Was kaufen sie auf dem Markt?

問題文: Sie kaufen Eier, ________________, Wurst und Käse.

質問文は「彼らは市場で何を買いますか?」という意味です。問題文は「彼らは卵と________とソーセージとチーズを買います」という意味です。会話の中で女性 (**A**) は買う物のリストを作り，Okay, also ... Eier, Gemüse, Wurst und Käse. (オーケー，じゃあ…卵，野菜，ソーセージ，チーズ) と言っています。問題文にはすでに卵，ソーセージ，チーズが含まれていますので，解答欄には野菜（Gemüse）を記入する必要があります。したがって，正解は **Gemüse** です。ウムラウトを付け忘れている解答や，Gemüser とつづっている解答もありました。［正解率 71.10%］

放送 問題 **8**

質問文： Bis wann ist der Markt heute geöffnet?

問題文： Der Markt ist bis □□ Uhr geöffnet.

質問文は「市場は今日何時まで開いていますか？」という意味です。問題文は「市場は□□時まで開いています」という意味です。会話の中で女性（**A**）はクリスティアンに市場が何時まで開いているか聞かれて，Heute? 13 Uhr, denke ich.（今日？ 13 時だと思う）と答えているので，解答欄には市場が閉まる時間である 2 桁の算用数字を記入するのが適切です。したがって，正解は **13** です。［正解率 74.41%］

放送 問題 **9**

質問文： Wie viele leere Bierflaschen haben sie?

問題文： Sie haben □□ leere Bierflaschen.

質問文は「彼らのもとに空のビール瓶は何本ありますか？」という意味です。問題文は「□□本の空のビール瓶があります」という意味です。会話の中でクリスティアン（**B**）は，空き瓶の数を数えるように言われて Zehn, zwanzig, dreißig ... es sind sogar 58 Bierflaschen.（10，20，30…いやビール瓶は 58 本もある）と発言しています。したがって，解答欄にはビール瓶の本数を表す 2 桁の数字を記入するのが適切です。したがって，正解は **58** です。［正解率 64.53%］

放送 問題 **10**

質問文： Was machen sie im Supermarkt?

問題文： Sie ______ die Flaschen ab.

質問文は「彼らはスーパーで何をしますか？」という意味です。問題文は「彼らは瓶を_________」という意味です。会話の中で女性（**A**）は Okay, dann nehmen wir das Auto und fahren zuerst zum Supermarkt. Dort geben wir die Flaschen ab.（オーケー，じゃあ車で行って，まずスーパーに行こう。そこで瓶を引き渡そう）と発言しています。解答欄には「引き渡す」という意味の分離動詞 abgeben の geben の部分を記入する必要があります。したがって，正解は **geben** です。問題文の主語の sie を 3 人称単数と勘違いした gibt という解答や，

1 文字違いの gehen という解答もありました。ドイツでは，瓶のリサイクルを促進するため，ペットボトルや瓶には購入の際に保証金が上乗せされます。保証金はスーパーなどで空き瓶を引き渡す際に戻ってきます。［正解率 25.99%］

◇この問題は 16 点満点（配点 4 点×4）で，平均点は 9.44 点でした。

第 3 部 ここがポイント！

＊日常生活に関連する基本単語のつづりは正確に覚えておこう！

＊音や単語だけ追わずに話の流れを掴むことも重要！

2022 年度 冬期 ドイツ語技能検定試験

3 級

筆記試験　問題

（試験時間　60 分）

出題は新しい正書法（単語のつづり方などに関する規則）に従います。解答は新旧いずれの方式でも認めます。

——— 注　意 ———

■受験票と机の上の受験番号が同じであることを確認してください。

■携帯電話，スマートフォン，スマートウォッチ等の電子機器類は電源を切り，カバン等にしまってください。机の上に置いてはいけません。

■中途退場は認めません。退場は試験放棄となります。

①問題冊子は試験開始の合図があるまで，開いてはいけません。

②問題冊子は表紙・裏表紙を含めて 8 ページあります。
余白は下書き・メモ用に使ってかまいません。

③試験監督者の指示に従って，解答用紙の所定の欄に，受験番号・氏名を記入してください。

④解答は黒の HB の鉛筆で強めに記入してください。
書き直す場合には，消しゴムできれいに消してから記入してください。

⑤解答はすべて解答用紙の指定された箇所に記入してください。

⑥記入する数字は，下記の見本に従って書いてください。

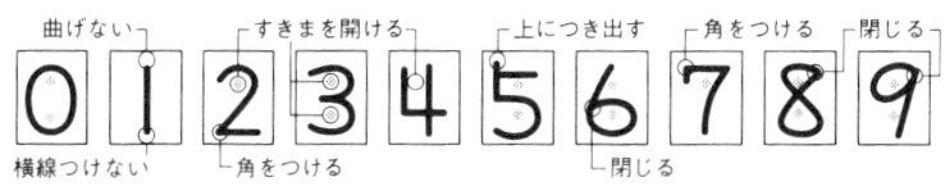

■試験が終わっても，指示があるまで席を立たないでください。

■解答用紙は持ち帰ってはいけません。

■この問題冊子の無断転載，無断複製を禁じます。

1

次の (1) ～ (4) の条件にあてはまるものが各組に一つあります。それを下の 1 ～ 4 から選び，その番号を解答欄に記入しなさい。

(1) 下線部の発音が他と異なる。

1 Instrument　2 Kunst　3 Meister　4 Vorstellung

(2) 下線部にアクセント（強勢）がない。

1 Fahrschule　2 Karriere　3 Mannschaft　4 Tatsache

(3) 下線部が長く発音される。

1 Ofen　2 Oktoberfest　3 Olympiade　4 Operation

(4) 問い **A** に対する答え **B** の下線の語のうち，通常最も強調して発音される。

A: Worauf freut ihr euch denn so?

B: Wir freuen uns auf das Orgelkonzert.

1 freuen　2 uns　3 auf　4 Orgelkonzert

2

次の (1) ～ (4) の文で（　）の中に入れるのに最も適切なものを下の 1 ～ 4 から選び，その番号を解答欄に記入しなさい。

(1) Am Wochenende kann man frisches Gemüse (　　) dem Markt kaufen.

1 ab　2 auf　3 mit　4 zu

(2) Die Kinder kochen heute Abend (　　) Hilfe ihrer Eltern.

1 aus　2 ohne　3 über　4 um

(3) Hast du Kopfschmerzen? Möchtest du vielleicht ein Medikament (　　) Erkältung?

1 durch　2 gegen　3 um　4 vor

(4) Herr Müller ist (　　) der Arbeit fertig und geht nach Hause.

1 hinter　2 mit　3 unter　4 zu

3 次の (1) ~ (4) の文で (　　) の中に入れるのに最も適切なものを下の 1 ~ 4 から選び，その番号を解答欄に記入しなさい。

(1) Frau Mayer hat in Berlin (　　) und arbeitet jetzt in Wien.
1 studieren　　2 studiert　　3 studierte　　4 studiertet

(2) Es (　　) schön, wenn wir noch länger Urlaub machen könnten.
1 ist　　2 sind　　3 war　　4 wäre

(3) Das Museum (　　) jedes Jahr von über drei Millionen Menschen besucht.
1 hat　　2 hatte　　3 lässt　　4 wird

(4) Im Café versuchten viele Leute, mit ihrem Smartphone Essen (　　).
1 fotografieren　　2 fotografiert
3 fotografierte　　4 zu fotografieren

4 次の (1) ~ (4) の文で (　　) の中に入れるのに最も適切なものを下の 1 ~ 4 から選び，その番号を解答欄に記入しなさい。

(1) Kannst du (　　) später anrufen? – Ja, kein Problem.
1 dich　　2 mich　　3 mir　　4 sich

(2) Putz (　　) die Zähne, Lukas, bevor du ins Bett gehst! – Ja, Mama.
1 dich　　2 dir　　3 ihn　　4 sich

(3) Wie heißt die Stadt, (　　) du in Japan gewohnt hast?
– Fukuoka. Dort habe ich drei Jahre gewohnt.
1 der　　2 die　　3 wo　　4 wohin

(4) Oh nein! Wir haben unseren Bus verpasst. Weißt du, (　　) der nächste Bus kommt?
1 wann　　2 was　　3 wenn　　4 wer

5

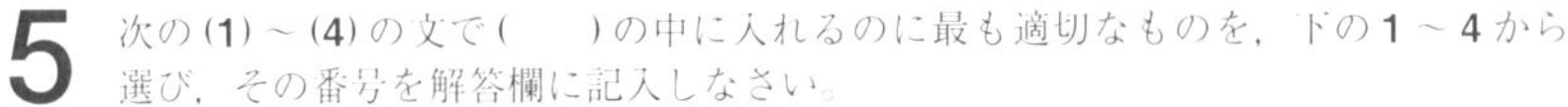
次の (1) ～ (4) の文で（　　）の中に入れるのに最も適切なものを，下の 1 ～ 4 から選び，その番号を解答欄に記入しなさい。

(1) Kommen Sie doch herein, Herr Müller. Bitte (　　) Sie Platz.

1 gehen　　2 kommen　　3 nehmen　　4 stellen

(2) Der neue Kugelschreiber ist nicht nur praktisch, (　　) auch billig!

1 als　　2 sondern　　3 sowohl　　4 zwar

(3) Entschuldigung, wo ist die nächste Post? – Tut mir leid, ich bin auch (　　) hier.

1 bereits　　2 fremd　　3 häufig　　4 regelmäßig

(4) Der Film war vom (　　) bis zum Ende sehr spannend.

1 Anfang　　2 Kino　　3 Schluss　　4 Zuschauer

6

次の文章は，中村さんがインターネットで注文した商品の購入先の会社（Sonnenfarbe）に宛てたメールです。このメールを読んで，(1) ～ (3) の問いに答えなさい。

Von: Kazuki Nakamura
An: Sonnenfarbe
Betreff: Meine Bestellung (Nr. 40921249)
Datum: 2. Dezember 2022

Sehr geehrte Damen und Herren,

am 15. November habe ich drei Taschen und zwei Tischdecken bei Ihnen online bestellt. Aber ich habe immer noch nichts bekommen. Auf der Seite des Online-Shops steht, dass alle Produkte innerhalb einer Woche geschickt werden, aber (A)<u>ich habe nicht einmal eine E-Mail zur Bestätigung meiner Bestellung bekommen</u>. Ich habe bereits per Kreditkarte bezahlt und dafür auch eine Quittung bekommen. Deshalb habe ich gedacht, dass die Bestellung angenommen wurde. Als ich letztes Jahr bei Ihnen eingekauft habe, haben Sie die Produkte schon zwei Tage später geschickt und sie sind zehn Tage später bei mir (　B　).

Die bei Ihnen bestellten Sachen möchte ich Freunden zu Weihnachten schenken. Wenn Sie das Paket noch nicht abgeschickt haben, sagen Sie mir bitte Bescheid und schicken Sie es so schnell wie möglich. Ich brauche die Sachen spätestens bis zum 17. Dezember. Die Bestellnummer lautet: 40921249.

Mit freundlichen Grüßen
Kazuki Nakamura

(1) 下線部 (**A**) を言い換えた時に最も近い意味になるものを下の **1** ～ **3** から選び，その番号を解答欄に記入しなさい。

1 ich habe noch keine E-Mail bekommen, die meine Bestellung bestätigt
2 ich habe nur die E-Mail bekommen, die meine Bestellung bestätigt
3 ich habe schon zwei E-Mails geschrieben, die meine Bestellung bestätigen

(2) 空欄 (**B**) に入れるのに最も適切なものを下の **1** ～ **4** から選び，その番号を解答欄に記入しなさい。

1 angefangen　　**2** angekommen
3 angenommen　　**4** angerufen

(3) 本文全体の内容に合うものを下の **1** ～ **5** から二つ選び，その番号を解答欄に記入しなさい。ただし，番号の順序は問いません。

1 Herr Nakamura hat am 2. Dezember fünf Produkte bestellt.
2 Alle Produkte dieser Firma sollen eigentlich innerhalb von sieben Tagen geschickt werden.
3 Dieses Jahr sind die Produkte zwei Tage nach der Bestellung geschickt worden.
4 Die Produkte hat Herr Nakamura als Weihnachtsgeschenke für seine Freunde bestellt.
5 Herr Nakamura möchte die Produkte nicht mehr.

7 以下は，Jan と Sven の会話です。会話が完成するように，空欄（ **a** ）～（ **e** ）に入れるのに最も適切なものを，下の **1** ～ **8** から選び，その番号を解答欄に記入しなさい。

Jan: Hallo, Sven! Wie geht's?

Sven: Tag, Jan. Na ja, es geht. Ich bin ein bisschen müde. Letzte Woche bin ich umgezogen und habe deshalb viel zu tun.

Jan: Warum bist du umgezogen? （ **a** ）

Sven: Ja, stimmt. Dieses Semester habe ich in einem Doppelzimmer mit Oliver zusammen gewohnt. Aber er hat jeden Tag bis spät in die Nacht am Computer gearbeitet. Deshalb konnte ich sehr oft nicht gut schlafen.

Jan: （ **b** ）

Sven: Nein. Alle Einzelzimmer im Studentenwohnheim waren schon besetzt und ich habe nun keine Lust mehr, mit jemandem ein Zimmer zu teilen.

Jan: （ **c** ）

Sven: In einer Wohngemeinschaft in der Mozartstraße. Vor einem Monat habe ich das Zimmer in einer Anzeige in der Uni gefunden. Da wohnen schon drei Studenten und sie sind alle nett. （ **d** ） Da kann ich dann endlich wieder in Ruhe schlafen.

Jan: （ **e** ）

Sven: Aber natürlich! Du bist immer herzlich willkommen! Oh, ich muss gehen. Meine nächste Vorlesung fängt gleich an. Bis dann, tschüs!

Jan: Tschüs!

1 Konntest du das Geld nicht wechseln?

2 Das Zimmer ist nicht so groß, aber sehr angenehm.

3 Konntest du das Zimmer nicht wechseln?

4 Kann ich vielleicht einmal bei dir vorbeikommen?

5 Deshalb habe ich die Prüfung bestanden.

6 Du hast doch im Studentenwohnheim gewohnt, oder?

7 Das Zimmer gefällt mir nicht.

8 Wo wohnst du denn jetzt?

8 介助犬（Assistenzhund）に関する次の文章を読んで，内容に合うものを下の **1** ～ **8** から四つ選び，その番号を解答欄に記入しなさい。ただし，番号の順序は問いません。

Vanessa Baumann hat als Haustier einen Hund. Er heißt „Bello“ und ist ein ausgebildeter Assistenzhund. Wegen einer Knochenkrankheit sitzt Vanessa seit ihrer Kindheit im Rollstuhl. Ohne ihren Hund, den sie seit acht Jahren hat, wäre ihr tägliches Leben nicht möglich. Wenn ihr Kugelschreiber auf den Boden fällt, kommt Bello und hebt ihn auf oder wenn sie eine Tür nicht öffnen kann, hilft er Vanessa. „Klar ist Bello eine Hilfe, aber er ist vor allem auch ein Freund“, sagt Vanessa.

Das Tier wurde vom Assistenzhunde-Zentrum ausgebildet. Nina Richter, die Direktorin des Zentrums sagt, „Wir prüfen genau die Bedürfnisse der Besitzerinnen und Besitzer und trainieren die Hunde dann so, dass Besitzer und Hund zusammenpassen“. Das wichtigste Ziel vom Zentrum ist, dass Menschen mit Behinderung durch die Hilfe von Assistenzhunden ein leichteres Leben haben. Seit der Gründung 1993 wurden schon 354 Hunde weitergegeben.

Im Alter von zwei Monaten kommen die Hunde erst einmal zu einer Gastfamilie. Ein Hundetrainer hilft ihnen dann bei der Grundausbildung. Etwa 15 Monate bleiben die Hunde bei der Gastfamilie, bevor sie zum Zentrum kommen.

Dort werden alle Hunde ein halbes Jahr intensiv und professionell ausgebildet. Danach werden sie kostenlos an Menschen übergeben, die Hilfe im Alltag brauchen. Die Ausbildung eines Hundes kostet etwa 35 000 Euro. Das Zentrum wird zu 90 Prozent durch Spenden finanziert.

1 Vanessa は昨年から 8 歳の犬 Bello を介助犬として飼っている。
2 Vanessa にとって Bello は介助してくれるだけでなく，何よりも友だちである。
3 介助犬センターの活動目的は，障がいのある人たちの生活の負担を，介助犬の助けを借りて軽減することである。
4 1993 年に創設された介助犬センターは年間 354 匹の犬を障がいのある人たちに提供している。
5 犬は生後 2 ヶ月で里親に預けられ，そこで生活しながら訓練される。
6 介助犬センターでの犬の専門的訓練は 6 ヶ月間集中して行われる。
7 介助犬はおよそ 35,000 ユーロで介助犬を必要とする人に渡される。
8 介助犬センターの財政は自治体の助成金でまかなわれている。

3級

2022年度 冬期 ドイツ語技能検定試験

筆記試験 解答用紙

受験番号	氏名

手書き数字見本

曲げない　すきまを開ける　上につき出す　角をつける　閉じる

0 1 2 3 4 5 6 7 8 9

横線つけない　角をつける　閉じる

1	(1)		(2)		(3)		(4)			
2	(1)		(2)		(3)		(4)			
3	(1)		(2)		(3)		(4)			
4	(1)		(2)		(3)		(4)			
5	(1)		(2)		(3)		(4)			
6	(1)		(2)		(3)					
7	a		b		c		d		e	
8										

21

2022 年度 冬期 ドイツ語技能検定試験

3 級

聞き取り試験　解答の手引き

（試験時間　約 25 分）

> 出題は新しい正書法(単語のつづり方などに関する規則)に従います。解答は新旧いずれの方式でも認めます。

――― 注　　意 ―――

■受験票と机の上の受験番号が同じであることを確認してください。
■携帯電話，スマートフォン，スマートウォッチ等の電子機器類は電源を切り，カバン等にしまってください。机の上に置いてはいけません。
■中途退場は認めません。

①指示があるまでページを開いてはいけません。
②聞き取り試験は 3 部から成り立っています。
③試験監督者の指示に従って，解答用紙の所定の欄に，受験番号・氏名を記入してください。
④放送の指示でページを開き，解答のしかたをよく読んでください。
⑤解答は黒の HB の鉛筆で強めに記入してください。
書き直す場合には，消しゴムできれいに消してから記入してください。
⑥解答はすべて試験時間内に解答用紙の指定された箇所に記入してください。
⑦記入する数字は，下記の見本に従って書いてください。

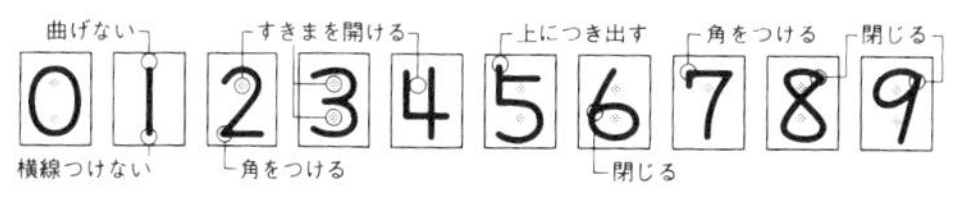

⑧アルファベットは大文字と小文字の判別ができるようにはっきりと書いてください。

■試験が終わっても，指示があるまで席を立たないでください。
■解答用紙は持ち帰ってはいけません。
■この問題冊子の無断転載，無断複製を禁じます。

22

第１部　Erster Teil

1. 第 1 部は問題（**1**）から（**3**）まであります。
2. ドイツ語の短い会話を 2 回放送します。
3. 設問の答えとして最も適切なものを選択肢 **1** ～ **4** から選び，その番号を解答用紙の所定の欄に記入してください。
4. メモは自由にとってかまいません。

（**1**） Wann ist die Geburtstagsparty?

1 Am Donnerstag um 18 Uhr.
2 Am Donnerstag um 19 Uhr.
3 Am Samstag um 18 Uhr.
4 Am Samstag um 19 Uhr.

（**2**） Was hat Olaf vergessen?

1 Er hat vergessen, Kaffee zu kaufen.
2 Er hat vergessen, Mineralwasser zu kaufen.
3 Er hat vergessen, Tee zu kaufen.
4 Er hat vergessen, Kaffee und Tee zu kaufen.

（**3**） Was hat Katja am Samstag gemacht?

1 Sie hat ihre Wohnung aufgeräumt.
2 Sie hat ihre Freunde besucht.
3 Sie hat ein Fahrrad gekauft.
4 Sie hat eine Radtour gemacht.

23

第２部　Zweiter Teil

1. 第 2 部は，問題（**4**）から（**6**）まであります。
2. まずドイツ語の文章を放送します。
3. 次に，内容についての質問を読みます。間隔を置いてもう一度放送します。
4. 質問に対する答えとして最も適した絵をそれぞれ **1** ～ **3** から選び，その番号を解答用紙の所定の欄に記入してください。
5. 以下，同じ要領で問題（**6**）まで順次進みます。
6. 最後に，問題（**4**）から（**6**）までの文章と質問をもう一度通して放送します。
7. メモは自由にとってかまいません。

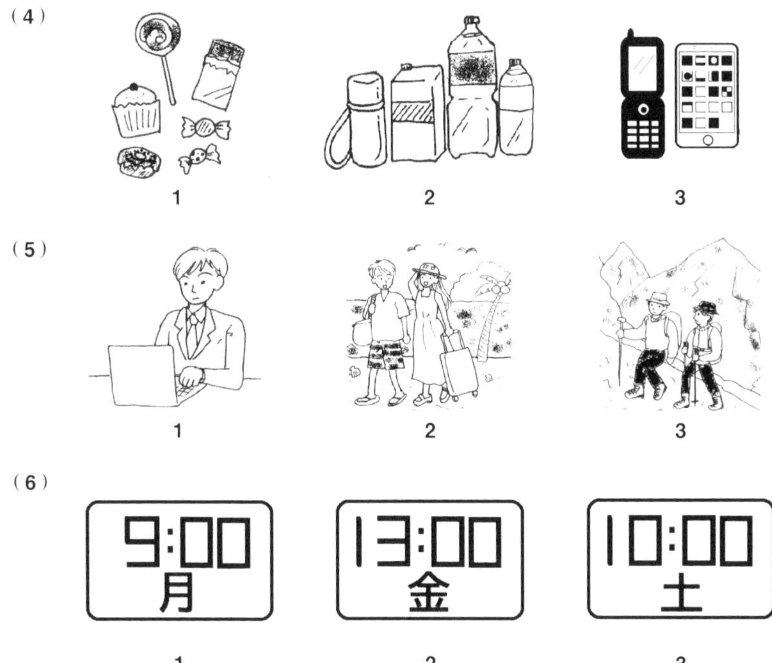

24

第 3 部　Dritter Teil

1. 第 3 部は，問題 (**7**) から (**10**) まであります。
2. まずドイツ語の会話を放送します。それに続き，この会話の内容に関する質問 (**7**) から (**10**) を読みます。
3. そのあと，約 30 秒の間をおいてから，同じ会話をもう一度放送します。
4. 次に質問 (**7**) から (**10**) をもう一度読みます。
5. 質問に対する答えとして，(**7**)，(**10**) には<u>適切な一語</u>を，(**8**)，(**9**) には<u>算用数字</u>を<u>解答用紙の所定の欄</u>に記入してください。なお，単語は大文字と小文字をはっきり区別して書いてください。
6. メモは自由にとってかまいません。
7. 質問 (**10**) の放送のあと，およそ 1 分後に試験終了のアナウンスがあります。試験監督者が解答用紙を集め終わるまで席を離れないでください。

(**7**) Herr Hoffmann möchte ein Einzelzimmer mit ____________.

(**8**) Das Zimmer kostet □□□ Euro.

(**9**) Man fährt □□ Minuten mit der Bahn.

(**10**) Man kann den ____________ sehen.

3級

2022年度 冬期 ドイツ語技能検定試験

聞き取り試験 解答用紙

受 験 番 号	氏 名

手書き数字見本

0 1 2 3 4 5 6 7 8 9

曲げない　横線つけない　すきまを開ける　角をつける　上につき出す　閉じる　角をつける　閉じる

【第 1 部】

(1)		(2)		(3)	

【第 2 部】

(4)		(5)		(6)	

【第 3 部】

(7)	Herr Hoffmann möchte ein Einzelzimmer mit ______________.

採点欄

(8)	Das Zimmer kostet □□□ Euro.

(9)	Man fährt □□ Minuten mit der Bahn.

(10)	Man kann den ______________ sehen.

採点欄

冬期《3級》ヒントと正解

【筆記試験】

1 発音とアクセント

正解 (1) 4 (2) 2 (3) 1 (4) 4

発音，アクセントの位置，母音の長短，文中で強調して発音される語に関する問題です。発音の基本的な規則についての知識や，簡単な会話内容を把握する能力が必要とされます。

(1) st の発音に関する問題です。選択肢 **1** の Instrument (楽器，器具)，選択肢 **2** の Kunst (芸術)，選択肢 **3** の Meister (マイスター，名人) では，st は語中にあり，[st] と発音されます。一方，選択肢 **4** の Vorstellung (紹介) は Stellung に vor- という前つづりが付いた合成語で，st は語頭にある場合と同じ様に [ʃt] と発音します。したがって，正解は選択肢 **4** です。[正解率 78.28%]

(2) 語のアクセントの位置に関する問題です。ドイツ語では，語のアクセントは原則として最初の音節にあります。選択肢 **1** の Fahrschule (自動車教習所)，選択肢 **3** の Mannschaft (チーム)，選択肢 **4** の Tatsache (事実) は，それぞれ最初の音節にアクセントがあります。その一方で，選択肢 **2** の Karriere (キャリア) はラテン語由来の外来語であり，後ろから 2 番目の音節の e (Karriere) を強く発音します。したがって，正解は選択肢 **2** です。[正解率 78.09%]

(3) 母音の長短に関する問題です。ここでは語頭の母音 o を長く発音する単語を選択します。選択肢 **1** の Ofen (オーブン) は，最初の母音である o にアクセントがあり，続く子音字が一つであるため，長く発音します。しかし，選択肢 **2** の Oktoberfest (オクトーバーフェスト) の Oktober，選択肢 **3** の Olympiade (オリンピック)，選択肢 **4** の Operation (手術) は外来語で，最初の音節にアクセントはなく，語頭の o は短く発音されます。したがって，正解は選択肢 **1** です。[正解率 94.52%]

(4) 文の中で強調して発音される語を問う問題です。**A** は「きみたちは，何をそんなに楽しみにしているの？」と尋ねています。これに対して **B** は「私たちは，オルガンコンサートを楽しみにしているんだ」と答えています。**A** の質問の冒頭にある worauf は疑問詞 was と前置詞 auf の融合形で，sich⁴ auf et⁴ freuen（～を楽しみにする）という表現が使われています。そうすると **B** の答えでは，何を楽しみにしているのかが重要な情報になります。つまり，Orgelkonzert を強調しますので，正解は選択肢 **4** です。［正解率 92.92%］

◇この問題は 12 点満点（3 点×4）で，平均点は 10.31 点でした。

1 ここがポイント！

＊語のアクセントの位置や母音の長短に関する原則をマスターしよう！
＊外来語の場合などアクセントの位置が原則と異なる場合についても，学習しておこう！

2 前置詞

正解　**(1)　2**　**(2)　2**　**(3)　2**　**(4)　2**

前置詞に関する問題です。前置詞は，時間や場所などさまざまな意味関係を表します。また，特定の動詞や形容詞との組み合わせで用いられる場合があります。そうした「動詞＋前置詞」，「形容詞＋前置詞」の組み合わせはひとまとまりの表現として覚えましょう。

(1) 前置詞 auf には，公共施設や行事など公の場にいる・あることを表す用法があります。名詞 Markt（市場）も公の場と考えられるので，正解は選択肢 **2** の auf です。問題文は「週末に市場では新鮮な野菜を買うことができる」という意味です。なお，選択肢 **4** の zu を選択した解答が 28.71% ありましたが，zu には動詞 kaufen と結びついて場所を示す用法はありません。［正解率 46.93%］

(2) 前置詞 ohne は，「～なしに，～せずに」という意味を表します。したがって，正解は選択肢 **2** の ohne です。問題文は「子どもたちは今晩，両親の手助けを得ずに料理をする」という意味です。なお，選択肢 **4** の um を選んだ解答が 10.20% ありました。動詞 bitten であれば前置詞 um と結びついて「～を頼む」という意味を示すことができますが，動詞 kochen と um が結びつく用法はありません。［正解率 76.68%］

(3) 前置詞 gegen は，「～に対抗して，～に逆らって」という意味で用いられます。したがって，正解は選択肢 **2** の gegen で，問題文は「頭が痛いの？ よかったら風邪薬をいかが？」という意味です。なお，選択肢 **4** の vor を選んだ解答が 38.15% ありました。前置詞 vor は対抗というよりも畏敬や警戒の対象に用います。［正解率 34.84%］

(**4**) 形容詞 fertig は「終わった，済ませた」という意味で，その済ませる対象は，前置詞 mit を使って表します。したがって，正解は選択肢 **2** の mit です。問題文は「ミュラーさんは，仕事を済ませて家へ帰ります」という意味です。なお，選択肢 **4** の zu を選択した解答が 21.81% ありました。前置詞 zu は場所や目的を表しますが，形容詞 fertig と結びつく用法はありません。［正解率 46.46%］

◇この問題は 12 点満点（配点 3 点×4）で，平均点は 6.15 点でした。

2 ここがポイント！

＊前置詞 ohne は「～なしに」という意味に使われるなど，前置詞の基本的な意味と格支配を覚えよう！

＊形容詞 fertig が前置詞 mit と結びつくと「～を済ませた」という意味を表すように，特定の動詞や形容詞と結びつく前置詞の用法を覚えよう！

3 動詞と助動詞（現在完了形・接続法・受動構文・zu 不定詞）

正解　(**1**) **2**　(**2**) **4**　(**3**) **4**　(**4**) **4**

動詞や助動詞に関する問題です。現在完了形，受動構文，接続法第Ⅱ式，zu 不定詞など，さまざまな時制や用法の適切な形を選ぶ必要があります。

(**1**) 選択肢で使用されている語句から，問題文は「マイアーさんはベルリンの大学で勉強し，今はウィーンで働いている」という意味であると予想できます。文は und を使って，二つの文を並列に並べています。前半が過去のことを，後半が現在のことを述べています。主語に合わせて動詞 haben が hat という形を取っていることに注目してください。この hat は，完了の助動詞で，文末に置かれる過去分詞と結びつくことで現在完了形を構成します。動詞 studieren（大学で勉強する）は規則変化動詞です。規則変化動詞の過去分詞は語幹の前に ge，語幹の後ろに t を付けるのが原則ですが，ieren で終わる動詞は，語幹の前に ge を付けません。したがって，動詞 studieren の過去分詞は studiert になります。正解は選

択肢 **2** です。選択肢 **4** の studiertet を選んだ解答が 19.64% ありましたが，studiertet は studieren の過去基本形 studierte に，主語が親称 2 人称複数 ihr の場合の語尾 t を付けた形です。［正解率 60.06%］

(**2**) 問題文はコンマで二つの部分に分けられています。wenn に導かれる後半部分で表される条件の内容を，前半部分の主語 es が受けている構造です。wenn で導かれる文では，話法の助動詞 können の接続法第 II 式が使用されています。接続法第 II 式は，wenn で導かれる文で表される事態が，現実的ではないとみなされていることを表しています。そのような事態が現実的ではないことが条件なのですから，それが「素晴らしい」(schön) という事態も同じく現実的ではないことであると考えなければなりません。そのため，空欄にも動詞の接続法第 II 式を入れるのが適切だと判断します。動詞 sein の接続法第 II 式は wäre です。したがって，正解は選択肢 **4** です。選択肢 **1** の ist を選んだ解答が 20.77% ありました。ist は事態を現実的とみなす直説法の現在形ですので，wenn で導かれる文で使用された接続法第 II 式とは矛盾します。選択肢 **3** の war を選んだ解答が 29.93% ありました。war は直説法の過去形ですので，wenn で導かれる文の接続法第 II 式と矛盾するだけではなく，時制においても矛盾します。［正解率 47.50%］

(**3**) 問題文の最後に置かれた besucht が過去分詞であることを，まずは判断しなければなりません。besucht は主語が 3 人称単数の場合の現在形と同形ですが，この文は副文ではないので，主語によって変化した動詞の定形は文末には置かれません。また，動詞 besuchen は非分離動詞ですので，過去分詞で語幹の前に ge が付きません。besucht が過去分詞であるならば，この文は完了形か受動文であると判断できます。主語は das Museum (美術館・博物館) ですが，動詞 besuchen は「～を訪問する」という意味ですので，主語の das Museum は本来であれば，動詞 besuchen の目的語であるはずだとわかります。つまりこの文は，本来の目的語を主語として使用する受動文だと判断します。これによって，選択肢 **1** の hat と選択肢 **2** の hatte は除外され，選択肢 **3** の lässt と選択肢 **4** の wird が可能性として残ります。選択肢 **3** の lässt (lassen) は受動的用法を持っていますが，その場合は，再帰代名詞および動詞の不定詞と一緒に用いますので，再帰代名詞がなく過去分詞を持つ問題文とは合致しません。したがって，正解は選択肢 **4** です。［正解率 59.40%］

(**4**) 問題文はコンマで二つの部分に区切られています。前半部分には，主語となる viele Leute (多くの人々) と動詞 versuchen (～を試みる) の過去形 versuchtenが置かれています。前半部分にversuchenの目的語となる名詞・代名詞がありませんので，コンマに続く後半部分に，動詞versuchenの目的語として「～すること」という意味のまとまりが作られると予想できます。したがって，空欄には，zuと動詞の不定形との組み合わせを入れて，「彼らのスマートフォンで料理を写真に撮ること」という意味のzu不定詞句を作るのが適切です。正解は選択肢**4**のzu fotografierenです。問題文は「カフェで多くの人々が，自分のスマートフォンで料理を写真に撮ろうと試みる」という意味になります。［正解率74.69%］

◇この問題は12点満点（配点3点×4）で，平均点は7.25点でした。

3 ここがポイント！

＊さまざまな助動詞（完了・受動・使役・話法の助動詞など）の用法を覚える際に，ペアになるものがどのような形（不定形・過去分詞・zu不定詞）をとるのか，合わせて覚えよう！
＊「～だといいのに」という意味になる，接続法第Ⅱ式の用法にも慣れていこう！
＊過去分詞やzu不定詞など，動詞のさまざまな形をコツコツと確実に覚えていこう！

4 代名詞・疑問詞・関係副詞など

正解　（**1**）　**2**　　（**2**）　**2**　　（**3**）　**3**　　（**4**）　**1**

代名詞，疑問詞などに関する問題です。

（**1**）代名詞に関する問題です。問題文は「後で（　　）電話してくれる？ ―うん，いいよ」という意味です。空欄には電話をかける相手を表す代名詞が入ることが予想されます。an|rufenは「～に電話をかける」という意味ですが，他動詞つまり4格とともに用いられる動詞であることに注意が必要です。選択肢**3**のmirは3格ですので，まず除外できます。選択肢**1**のdichは主語duと同じ人を表す再帰代名詞になってしまいますので，電話をかける相手として適切ではありません。選択肢**4**のsichは3人称または敬称2人称を表す再帰代名詞ですので，主語duには合いません。選択肢**2**のmichは第1文で電話をかけてほしいと依頼している本人ですので，文法的にも意味的にも適切です。問題文の前半は「後

で私に電話してくれる？」という意味になります。したがって，正解は選択肢 **2** です。なお，選択肢 **3** を選んだ解答が 44.00% ありました。この他，fragen（～に質問する）も 4 格とともに用いられる動詞ですので合わせて覚えておきましょう。［正解率 37.49%］

（**2**）再帰代名詞に関する問題です。問題文は「寝る前に歯を磨きなさい，ルーカス！ ―うん，ママ」という意味です。putzen（磨く）は他動詞で die Zähne（歯）が 4 格目的語です。空欄には，この歯の持ち主を表す代名詞を入れる必要があります。体の一部を表す名詞の所有者は 3 格で示されます。この命令文は母親が息子のルーカスに歯磨きをうながしている文ですので die Zähne はルーカスの歯です。du に対する命令文ですので，du の 3 格である再帰代名詞 dir が適切です。したがって，正解は選択肢 **2** です。この他，再帰代名詞と体の一部を表す単語との組み合わせとしてよく使われる表現に，sich[3] die Hände waschen（手を洗う）があります。なお，選択肢 **1** を選んだ解答が 38.81% ありました。この文にはすでに die Zähne という 4 格の名詞がありますので，同じ文に他の 4 格の名詞・代名詞を入れることはできません。［正解率 39.85%］

（**3**）関係代名詞・関係副詞に関する問題です。第 1 文の前半部は「その町は何という名前？」という意味です。後半部の空欄以外は「きみが日本で住んでいた」という意味です。それに対する答えの文は「福岡だよ。そこに 3 年住んでいたんだ」という意味です。第 1 文の後半部は定形 hast が文末にあることから副文であることがわかります。したがって選択肢は関係代名詞または関係副詞と考えられますので，空欄には先行詞 die Stadt（女性名詞単数）を受け，なおかつ副文内での役割に応じた格を表す語句を入れる必要があります。関係文にはすでに主語 du があり，また wohnen の過去分詞 gewohnt は自動詞であり 3 格や 4 格の名詞・代名詞を前置詞を用いることなく文に入れることはできませんので選択肢 **1** の der や選択肢 **2** の die は適切ではありません。選択肢 **3** の wo と選択肢 **4** の wohin はそれぞれ場所と方向を表す関係副詞です。wohnen（住んでいる）は方向ではなく場所と結びつきますので wo が適切です。したがって，正解は選択肢 **3** です。wo の代わりに関係代名詞を用いることも可能ですがその場合には以下の文のように前置詞 in が必要です。Wie heißt die Stadt, in der du in Japan gewohnt hast? いずれも「きみが日本で住んでいた町はなんという名前？」という意味になります。［正解率 46.84%］

（**4**）疑問詞に関する問題です。第 1 ～ 2 文は「ああなんてことだ！ バスに乗り遅れてしまった」という意味です。第3文は「次のバスが（　　）来るか知ってる？」という意味です。第3文の定形 kommt は文末にありますので副文であることがわかります。選択肢 **3** の wenn は従属接続詞，それ以外の選択肢は疑問詞ですので，この文は従属接続詞から始まる副文または間接疑問文のいずれかということになります。選択肢 **2** の was は1格または4格の疑問代名詞，選択肢 **4** の wer は1格の疑問代名詞ですが，すでにこの文には「次のバスが」という主語がありますのでどちらも空欄に入れる語句として適切ではありません。選択肢 **3** の wenn（もし〜なら，〜のとき）は意味的に適切ではありません。wann は時を尋ねる際の疑問詞で間接疑問文を導くことができます。したがって，正解は選択肢 **1** です。空欄を含む文は，「次のバスがいつ来るか知ってる？」という意味になります。なお，選択肢 **3** を選んだ解答が 30.12% ありました。［正解率 66.19%］

◇この問題は12点満点（配点3点×4）で，平均点は5.71点でした。

4 ここがポイント！

＊関係代名詞の格は関係文の中での役割によって決まるので，格を決めている動詞または前置詞に注目しよう。
＊よく使われる動詞が何格の名詞・代名詞と使われるか覚えよう！ 特に日本語の格助詞（が・の・に・を）と異なる動詞には気をつけよう！
＊疑問代名詞には格があるので，格を決めている動詞に注目しよう。

5 語彙（動詞・形容詞・慣用表現など）

正解　(**1**)　**3**　(**2**)　**2**　(**3**)　**2**　(**4**)　**1**

動詞，形容詞，慣用表現に関する問題です。よく使われる言い回しに関する知識や，文脈に合わせて適切な語を選ぶ力が求められます。

(**1**) 問題文は「どうぞお入りください，ミュラーさん。（　）ください」です。選択肢の動詞を順番に空欄にあてはめていったとき，選択肢 **3** の nehmen が名詞 Platz とともに「腰かける」を意味する慣用表現を形成することが思い浮かぶといいでしょう。したがって，選択肢 **3** が正解です。選択肢 **1** の gehen は「行く」，選択肢 **2** の kommen は「来る」，選択肢 **4** の stellen は「置く，立てる」などを意味する基本的な動詞で，さまざまな慣用表現でも用いられる動詞ですが，Platz との組み合わせは成り立ちません。［正解率 51.27%］

(**2**) 相関接続詞 nicht nur ..., sondern auch ... (～だけでなく…もまた) の構造を見つけられるかどうかが鍵となります。問題文は「その新しいボールペンは便利なだけでなく，安く（　）もあるね！」という意味です。問題文前半の nicht nur を見た時点で，後半には sondern auch が続くことが予想できるといいでしょう。空欄の後にすでに auch が示されているので，空欄には sondern が入ります。したがって，選択肢 **2** が正解です。選択肢 **1** は比較級の後に付けて「～よりも」という意味を表す従属接続詞，選択肢 **3** は相関接続詞 sowohl ... als auch ... (～と同様…もまた) で用いられる並列接続詞，選択肢 **4** は相関接続詞 zwar ... aber ... (たしかに～だが…) で用いられる副詞です。[正解率 67.52%]

(**3**) 問題文は「すみません，最も近い郵便局はどちらにありますか？ — 申し訳ありません，私もここは（　）なんです」という意味です。郵便局の場所を尋ねられて，「申し訳ありません」，「私も～なんです」と続くので，返答をする側は，尋ねられたものの，道案内をすることができないと答えていることが予想できます。選択肢 **1** の bereits は「すでに」，選択肢 **2** の fremd は「見知らぬ，よその」，選択肢 **3** の häufig は「たびたびの，よく」，選択肢 **4** の regelmäßig は「定期的に，規則的に」という意味です。意味から考えて最も適切な選択肢 **2** が正解です。[正解率 52.22%]

(**4**) 問題文は「映画は（　）から終わりまでとてもスリリングでした」です。「～から…まで」を意味する von ... zu ... が用いられていることに気づけるかが鍵となります。「～まで」を意味する zu の後には「終わり」を意味する Ende がありますので，「～から」の前にはその反対の，「始め」を意味する名詞が入ることが予想できます。選択肢 **1** の Anfang は「始め」，選択肢 **2** の Kino は「映画館」，選択肢 **3** の Schluss は「終わり，最後」，選択肢 **4** の Zuschauer は「観客」という意味です。したがって，選択肢 **1** が正解です。[正解率 66.38%]

◇この問題は 12 点満点 (配点 3 点×4) で，平均点は 7.12 点でした。

5 ここがポイント！

* 名詞を覚える際には，特定の結びつきで使われる動詞もチェックしておこう！
* 相関接続詞は数も限られ，覚えていると表現の幅もぐっと広がるのでしっかり覚えよう！

6 手紙文理解

正 解 (**1**) **1** (**2**) **2** (**3**) **2**, **4** (順不同)

メールの文面を読んだ上で内容を正しく理解できるかどうかを問う問題です。ドイツ語のメールには，手紙に準じた独自の形式があります。以下は，問題で使用されたテキストの日本語訳です。

送信者：カズキ・ナカムラ
受信者：ゾンネンファルベ
件名：注文 (No. 40921249)
日付：2022 年 12 月 2 日

拝啓

11 月 15 日にかばん 3 個とテーブルクロス 2 枚をオンラインで注文しました。しかしいまだに何も受け取っておりません。そちらのオンラインショップのページには，すべての製品は 1 週間以内に配送されると書かれていますが，(**A**) 注文確認のメールすら受け取っていません。私はすでにクレジットカードで支払い，その領収書も受け取っています。ですから注文は受け付けられたものと思いました。昨年そちらで買い物をした際には，2 日後には製品が発送され，10 日後にこちらに (**B**)。

注文した品物はクリスマスに友人たちにプレゼントしたいと思っております。もしまだ小包を発送していないようでしたら，その旨お知らせいただき，可能な限り早急にお送りください。それらの品を遅くとも 12 月 17 日までに必要としています。注文番号は 40921249 です。

敬具
カズキ・ナカムラ

テキストは，ナカムラさんがオンラインで品物を購入したショップ (Sonnenfarbe) に宛てたメールの文面です。注文した品物がなかなか届かず，発送されているかどうか問い合わせる，という内容です。この問題では，文脈的に適切な語を選択できるかどうか，文意を正確に理解できるかどうか，テキストの内容を正しく把握できるかどうかが問われています。

(**1**) は，下線部 (**A**) の言い換えとして適切なものを選ぶ問題です。三つの選択肢の意味は以下の通りです。

1　私は注文確認のメールをまだ受け取っていません

2　私は注文確認のメールしか受け取っていません

3　私は注文確認のメールをすでに 2 通書きました

下線部 (**A**) の nicht einmal は「〜すらない」という意味です。その他の部分は「注文確認のメールを受け取りました」という意味ですので，全体ではそれすらないという内容の文になります。したがって，正解は選択肢 **1** です。［正解率 84.51%］

(**2**) は，空欄 (**B**) に入る適切な過去分詞を選ぶ問題であり，文脈から適切な語彙を判断する力が求められています。空欄 (**B**) を含む文は，「昨年そちらで買い物をした際には，2 日後には製品が発送され，10 日後にこちらに (**B**)」という意味です。選択肢 **1** の angefangen は anfangen（始める），選択肢 **2** の angekommen は ankommen（到着する），選択肢 **3** の angenommen は annehmen（受け付ける），選択肢 **4** の angerufen は anrufen（電話をかける）のそれぞれ過去分詞です。この文の主語は die Produkte（製品）ですので，空欄には angekommen を入れるのが適切です。したがって，正解は選択肢 **2** です。［正解率 61.10%］

(**3**) は，テキストの内容に合致する選択肢を選ぶ問題です。選択肢 **1** は「ナカムラさんは 12 月 2 日に五つの製品を注文した」という意味です。ナカムラさんは第 1 段落の第 1 文で「11 月 15 日にかばん 3 個とテーブルクロス 2 枚をオンラインで注文しました」と述べており，注文したのは 12 月 2 日ではないことがわかります。したがって，選択肢 **1** は不正解です。選択肢 **2** は「この会社のすべての製品は本来 1 週間以内に発送されることになっている」という意味です。第 1 段落の第 3 文に「そちらのオンラインショップのページには，すべての製品は 1 週間以内に発送されると書かれていますが」とあります。したがって，選択肢 **2** は正解です。［正解率 66.67%］選択肢 **3** は「今年は注文の 2 日後に製品が発送された」という意味です。第 1 段落の第 6 文に「昨年そちらで買い物をした際には，2 日後には製品が発送され」とあり，2 日後に発送されたのは今年ではなく昨年であることがわかります。したがって，選択肢 **3** は不正解です。選択肢 **4** は「ナカムラさんはそれらの品物を友人たちへのクリスマスプレゼントとして注文した」という意味です。第 2 段落の第 1 文に「注文した品物はクリスマスに友人たちにプレゼントしたいと思っております」とあり，これらの品物をクリスマスプレゼントとして注文したことがわかります。したがって，選択肢 **4** は正解です。［正解率 83.57%］選択肢 **5** は「ナカムラさんはそれらの品物をもうほしくない」という意味です。第 2 段落の第 2 文の最後に「可能な限り早急にお送りください」

とあり，またそれに続く文でも「それらの品を遅くとも 12 月 17 日までに必要としています」と述べられていることから，まだそれらの品物を必要としていることがわかります。したがって，選択肢 **5** は不正解です。

◇この問題は 12 点満点 (配点 3 点×4) で，平均点は 8.87 点でした。

6 ここがポイント！

＊電子メール・手紙の形式に (書き出し，結び，呼びかけなどの定形表現や，件名，日付などの項目を含め) 慣れておこう。
＊「いつ・どこで・誰が・何を・誰に」という情報を正確に整理できるようにしよう！

7 会話文理解

正 解 **(a) 6　(b) 3　(c) 8　(d) 2　(e) 4**

空欄に適切な表現を補い，会話を完成させる問題です。選択肢に挙げられている文の意味を正しく理解するだけでなく，空欄ごとに前後の会話の流れを把握し，適切な表現を選ぶ必要があります。

内容

ヤン：　やあ，スヴェン！ 元気かい？

スヴェン：やあ，ヤン。まあまあだよ。少し疲れてるんだ。先週に引っ越しをして，それですることがたくさんあるんだ。

ヤン：　なぜ引っ越ししたんだい？ **(a)**

スヴェン：うん，そうなんだ。今学期はオリヴァーと二人部屋に住んでいたんだけれど，彼は毎日夜遅くまでパソコンで作業していたんだ。そのせいで，あまり寝られないことがよくあったんだ。

ヤン：　**(b)**

スヴェン：いや。学生寮の一人部屋はみんな埋まっていたし，それに自分は誰かと部屋をシェアする気にもうなれないんだ。

ヤン：　**(c)**

スヴェン：モーツァルト通りにある WG (居住共同体) に住んでいるんだ。ひと月前にその部屋が空いているという広告を大学で見つけたんだ。そこにはすでに学生が 3 人住んでいて，みんな親切だよ。**(d)** そこでようやくぐっすり寝られるようになったんだ。

スヴェン：（**e**）

ヤン：　もちろんさ！　きみはいつでも大歓迎だよ。ああ，もう行かなくちゃ。次の講義がもうすぐ始まる。それじゃ，また！

スヴェン：またね！

1 きみはお金を両替できなかったの？
2 その部屋はあまり広くはないけれど，とても居心地がいいんだ。
3 きみはその部屋を替えることができなかったの？
4 一度，きみの住んでいる部屋に行ってみてもいい？
5 そのおかげで試験に合格したんだ。
6 きみは学生寮に住んでいたんじゃなかった？
7 その部屋は気に入っていない。
8 今はいったいどこに住んでいるんだい？

会話は，大学生のヤンとスヴェンの 2 人の間で交わされているものです。会話は，スヴェンが最近引っ越したことから始まります。会話全体の流れが自然になるように選択肢を選ぶ必要があります。

（**a**）スヴェンの引っ越しが話題になり，ヤンが（**a**）と尋ねています。それに対してスヴェンは「うん，そうなんだ」と肯定する答えをした後に，引っ越しの理由について話しています。この状況では，引っ越しする前のスヴェンの住まいが話題になっていますので，正解は選択肢 **6** の「きみは学生寮に住んでいたんじゃなかった？」です。［正解率 60.72%］

（**b**）スヴェンは学生寮で引っ越しに至った経緯を話します。それに対し，ヤンは（**b**）と発言します。それを受けたスヴェンが Nein. と答えた上で，「学生寮の一人部屋はみんな埋まっていたし，それに自分は誰かと部屋をシェアする気にもうなれないんだ」と発言しています。したがって，（**b**）では学生寮に残る可能性がなかったのかを尋ねる質問が入るものと予想されます。正解は選択肢 **3** の「きみはその部屋を替えることができなかったの？」です。［正解率 62.42%］

（**c**）ヤンが（**c**）と発言すると，スヴェンは「モーツァルト通りにある WG に住んでいる」ことを伝えます。このことから，ヤンはスヴェンの現在の住まいについて質問したと考えられます。正解は選択肢 **8** の「今はいったいどこに住んでいるんだい？」が最も適切です。［正解率 84.70%］

(d) スヴェンが引っ越し先の WG について話しています。WG に住んでいる同居人の話題の後に **(d)** と発言し，さらに「そこでようやくぐっすり寝られるようになったんだ」と発言しています。この文脈から，**(d)** には部屋に関する情報が入るものと予想されます。正解は，選択肢 **2** の「その部屋はあまり広くはないけれど，とても居心地がいいんだ」です。［正解率 80.64%］

(e) スヴェンが WG についての話を終えたところです。ヤンの発言 **(e)** の後に，スヴェンは「もちろんさ！ きみはいつでも大歓迎だよ」と続けます。このことから，**(e)** には，ヤンがスヴェンの住まいを訪問してよいか，尋ねた文が入ると予想されます。正解は選択肢 **4** の「一度，きみの住んでいる部屋に行ってみてもいい？」です。［正解率 81.40%］

◇この問題は 15 点満点（配点 3 点×5）で，平均点は 11.10 点でした。

7 ここがポイント！

＊会話全体の状況と文脈をしっかり把握しよう！
＊問題箇所の発言と，その前後の発言との内容的なつながりを確認しよう！
＊会話の中では過去のことは現在完了形で表されることが多いので，頻出する動詞については過去分詞形も学習しておこう！

8 テキスト理解

正 解 **2，3，5，6**（順不同）

一定の長さのまとまったテキストを読み，内容を正しく理解できるかどうかを問う問題です。テキストはオンライン版《Schweizer Radio und Fernsehen》の記事 „Ausbildung von Assistenzhunden, Ein Hund für alle Fälle“（2020 年 1 月 25 日付，2022 年 3 月閲覧）を試験用にアレンジしたものです。

内容：

ヴァネッサ・バウマンは，ペットとして犬を 1 匹飼っている。犬はベロといい，訓練を受けた介助犬である。骨の病気のために，ヴァネッサは子どものころから車椅子に乗っている。彼女は 8 年前からこの犬を飼っているが，もしもこの犬がいなかったら，彼女が日常生活を送ることは不可能だろう。彼女がボールペンを床に落としたら，ベロがやって来て，それを拾ってくれる。彼女がドアを開けられないときには，ベロが手伝ってくれる。「ベロは，もちろん介助してくれる犬なのですが，でもまず第一に，友だちでもあるのです」とヴァネッサは言う。

この動物（犬）は，介助犬センターで訓練された。センター長のニーナ・リヒターは言う，「私たちは飼い主のニーズを十分に吟味し，飼い主と犬の組み合わせがうまく合致するように，犬をトレーニングします」と。センターの一番重要な目的は，介助犬の介助によって，障がいを持った人たちの生活がより容易になることだ。1993 年の設立以来，すでに 354 匹の犬が人々に引き渡された。

犬は生後 2 ヶ月で，まず最初に里親に預けられる。里親が基本教育を実施するのを，犬の訓練士が手助けする。およそ 15 ヶ月間，犬は里親のもとで過ごし，その後センターにやって来る。

ここで犬は皆，半年間，集中的かつ専門的な訓練を受ける。それが終わってから犬は，日常生活で援助が必要な人たちに無料で譲り渡される。1 匹の犬の育成に必要な費用はおよそ 35,000 ユーロである。センターの財政の 90 パーセントが寄付によってまかなわれている。

【語彙】ausgebildet: 訓練された　auf|heben: 拾い上げる　vor allem: とりわけ　zusammen|passen:（互いに）適合している　erst einmal: まず最初に　weiter|geben: 次の人に渡す　kostenlos: 無料で　et[4] an jn über|geben: ～を…に譲り渡す　Spende: 寄付

選択肢 **1** は，テキストの複数の箇所から判断します。テキストの第 1 段落で，ヴァネッサは介助犬を 8 年前から飼っていることが述べられていますが，第 3 段落で，介助犬は，生後 2 ヶ月で里親に預けられ，そこでおよそ 15 ヶ月を過ごすことが述べられています。さらに第 4 段落では，介助犬はその後，介助犬センターで半年間の訓練を受けてから，介助が必要な人々のもとにやって来ることが述べられています。介助犬は，生まれてすぐにヴァネッサのところへやって来たのではないので，介助犬ベロの年齢は 8 歳以上ということになり，選択肢 **1** はテキストの内容と合致しません。したがって，選択肢 **1** は不正解です。選択肢 **2** は，第 1 段落の最後でヴァネッサが述べた「ベロは，もちろん介助してくれる犬なのですが，でもまず第一に，友だちでもあるのです」という内容に合致します。したがって，選択肢 **2** は正解です。［正解率 96.98%］選択肢 **3** は，第 2 段落の「センターの一番重要な目的は，介助犬の介助によって，障がいを持った人たちの生活がより容易になることだ」という内容に合致します。したがって，選択肢 **3** は正解です。［正解率 70.82%］選択肢 **4** は，第 2 段落の「1993 年の設立以来，すでに354匹の犬が人々に引き渡された」という内容と合致しません。354匹という数は，「年間」ではなく「設立以来」の総数です。したがって，選択肢**4**は不正解です。選択肢**5**は，第3段落の「犬は生後2ヶ月で，まず最初に里親に預けられる。里親が基本教育を実施するのを，犬の訓練士が手助けする」という内容に合致します。したがって，選択肢**5**は正解です。［正解率66.95%］選択肢**6**は，第3段落で述べられている「ここで犬は皆，半年間，集中的かつ専門的な訓練を受ける」の中の「ここで」が，どこを指しているのかで正解かどうかが決まります。第3段落の最後で，「およそ15ヶ月間，犬は里親のもとで過ごし，その後センターにやって来る」と述べられていますから，文のつながりから「ここで」は「センターで」であると判断でき，選択肢**6**は第3段落の内容と合致します。したがって，選択肢**6**は正解です。［正解率62.13%］選択肢**7**は，第4段落の「それが終わってから犬は，日常生活で援助が必要な人たちに無料で譲り渡される」という内容に合致しません。したがって，選択肢**7**は不正解です。選択肢**8**は，第4段落の「センターの財政の90パーセントが寄付によってまかなわれている」という内容に合致しません。したがって，選択肢**8**は不正解です。

◇この問題は12点満点（配点3点×4）で，平均点は8.90点でした。

8 ここがポイント！

＊知らない単語が含まれている文であっても，前後の文や話の流れの中から類推できることが多い。日本語の選択肢も情報として活用しながら，「いつ」「どこで」「何が」「どうした」など，情報をしっかり掴んで読み解いていこう！

＊時事的な話題や，地理や歴史に関する知識が，テキストを読み解く上で大きな助けとなることがある。普段からさまざまな情報を収集し，有効に活用しよう！

【聞き取り試験】

第1部 会話の重要情報の聞き取り

正解 (1) **3** (2) **3** (3) **1**

放送された会話を聞き，質問に対する答えとして最も適切な選択肢を選ぶ問題です。質問と選択肢は「解答の手引き」に記載されています。質問に関わる内容を正しく聞き取る力が求められます。

放送 問題**1**

A: Hallo, Christian. Nächste Woche werde ich 19. Ich mache eine Geburtstagsparty. Hast du Lust zu kommen?

B: Ja, gern! Wann ist denn die Party?

A: Mein Geburtstag ist am Donnerstag. Aber die Party ist am Samstag. Ich will um 18 Uhr anfangen.

B: Okay, gut. Danke für die Einladung.

内容:

A: クリスティアン，こんにちは。来週に私は19歳になるので，誕生日パーティーを開くの。パーティーに来てくれる？

B: もちろん，行くよ！ パーティーはいつ？

A: 私の誕生日は木曜日だけど，パーティーは土曜日よ。18時に始める予定なの。

B: オーケー，いいよ。招待ありがとう。

質問文: Wann ist die Geburtstagsparty?

質問文は「誕生日パーティーはいつですか？」という意味です。会話では，話者**A**が誕生日パーティーを開く話題から始まります。話者**A**の女性は来週に19歳になることがまず告げられ，その後で誕生日は木曜日であること，パーティーは土曜日の18時に開始することが話されます。聞き取りの鍵になるのは，Donnerstag（木曜日）またはSamstag（土曜日），そして開始時刻の18時が挙げられます。話者**A**の発言から，誕生日パーティーは土曜日の18時から開始することがわかります。したがって，正解は選択肢**3**です。［正解率80.93%］

放送 問題**2**

A: Olaf, hast du Mineralwasser gekauft?

B: Ja, klar. Das habe ich gestern schon im Supermarkt gekauft.

A: Danke. Hast du auch Kaffee und Tee gekauft?

B: Oh nein! Kaffee habe ich gekauft, aber den Tee habe ich vergessen.

内容:

A: オラフ，ミネラルウォーターを買ってきてくれた？

B: もちろんだよ。昨日スーパーマーケットで買ったよ。

A: ありがとう。コーヒーとお茶も買ってくれたかしら？

B: ああ，しまった！ コーヒーは買ったんだけど，お茶を買うのを忘れてしまったよ。

質問文: Was hat Olaf vergessen?

質問文は「オラフは何を忘れましたか？」という意味です。選択肢 **1** は「コーヒーを買うのを忘れた」，選択肢 **2** は「ミネラルウォーターを買うのを忘れた」，選択肢 **3** は「お茶を買うのを忘れた」，選択肢 **4** は「コーヒーとお茶を買うのを忘れた」という意味です。話者 **B**（オラフ）の最後の発言から，お茶を買うのを忘れたということがわかります。したがって，正解は選択肢 **3** です。［正解率 84.51%］

放送　問題 **3**

A: Was hast du am Wochenende gemacht, Katja?

B: Am Sonntag hatte ich Besuch. Deshalb habe ich am Samstag meine Wohnung aufgeräumt. Und du?

A: Am Samstag habe ich ein neues Fahrrad gekauft. Und am Sonntag habe ich dann gleich eine Radtour gemacht. Hier ist ein Foto!

B: Das hat sicher Spaß gemacht!

内容:

A: 週末は何をしたんだい，カティア？

B: 日曜日にお客さんが来たので，土曜日に部屋を片づけていたわ。きみは？

A: 土曜日に新しい自転車を買ったんだ。それで日曜日には早速サイクリングに出かけたんだ。これがその時の写真だよ！

B: それはきっと楽しかったでしょうね！

質問文: Was hat Katja am Samstag gemacht?

質問文は「カティアは土曜日に何をしましたか？」という意味です。選択肢 **1** は「部屋を片づけた」，選択肢 **2** は「友人を訪問した」，選択肢 **3** は「自転車を買った」，選択肢**4**は「サイクリングをした」です。週末にしたことを尋ねた話者**A**の発言に対し，話者**B**であるカティアは，日曜日の来客に備えて土曜日には自宅の片づけをしたことを伝えています。したがって，正解は選択肢**1**です。なお，選択肢**2**を選んだ解答が17.09%ありました。友人の訪問は日曜日の出来事です。また，カティアが友人を訪問したのではありませんから，選択肢**2**は解答として不適切です。［正解率72.33%］

◇第1部は12点満点（配点4点×3）で，平均点は9.51点でした。

第1部 ここがポイント！

＊数詞や時間表現，曜日などの重要な情報を注意深く聞き取ろう！
＊会話を聞き取る場合は，背景となる場面をイメージして，内容理解に努めよう！
＊「解答の手引き」に記されている選択肢によく目を通して，問題になる事柄を正確に聞き取れるようにしよう！

第2部 テキスト内容の理解

正解 (4) **3** (5) **3** (6) **1**

放送されたテキストと質問を聞き，その答えとして最も適した絵を選ぶ問題です。イラストに描かれている情報を手がかりに，テキスト全体のうち質問に関連する情報を正しくとらえることが求められます。

放送 問題**4**

Liebe Schülerinnen und Schüler, am Freitag machen wir unseren Schulausflug ins Schlossmuseum. Bringt bitte Stifte, ein Heft, euer Mittagessen und Getränke mit. Auch Süßigkeiten dürft ihr gerne in euren Rucksack packen. Aber ich möchte keine Handys sehen. Die Handys müsst ihr zu Hause lassen.

内容:

生徒の皆さん，金曜日は城博物館へ遠足に行きます。ペン，ノート，お昼ご飯と飲み物を持ってきてください。おやつもリュックサックの中に入れてよろしい。でも先生は携帯電話を見たくありません。携帯電話は家に置いてこなければいけません。

質問文: Was dürfen die Schülerinnen und Schüler nicht mitbringen?

質問文は「生徒たちは何を持ってきてはいけないですか？」という意味です。選択肢 **1** ではお菓子，選択肢 **2** では水筒やペットボトル，選択肢 **3** では携帯電話やスマートフォンが描かれています。放送されたテキストでは，遠足に際しての先生から生徒たちへの指示として，筆記用具や弁当，飲み物を持ってくるようにとの指示，おやつの持参許可の後に禁止事項として Die Handys müsst ihr zu Hause lassen.（携帯電話は家に置いてこなければいけません）と述べられます。したがって正解は，携帯電話が描かれている選択肢 **3** です。［正解率 89.05%］

放 送　問題 **5**

Martin will nächste Woche in die Schweiz reisen. Wenn das Wetter schön ist, möchte er mit seinem Freund in den Bergen wandern. Seine Schwester wollte auch mitkommen, aber sie kann nicht, denn sie muss arbeiten. Martin will seiner Schwester Schweizer Schokolade kaufen.

内容:

マルティンは来週スイスへ旅行するつもりだ。天気がよければ彼は男友達と山歩きをしたいと思っている。彼の姉（または妹）も一緒に来たがったが，彼女は仕事をしなければならないので来られない。マルティンは姉（または妹）にスイスのチョコレートを買うつもりだ。

質問文: Was möchte Martin nächste Woche machen?

質問文は「マルティンは来週，何をしたいと思っていますか？」という意味です。選択肢 **1** はパソコンを使った作業をしている様子，選択肢 **2** は男女 2 人が海辺を歩く様子，選択肢 **3** は男性 2 人が山中を歩く様子が描かれています。放送では Wenn das Wetter schön ist, möchte er mit seinem Freund in den Bergen wandern.（天気がよければ彼は男友達と山歩きをしたいと思っている）と述べられています。したがって，正解は選択肢 **3** です。［正解率 49.10%］

放 送　問題 **6**

Guten Tag und herzlich willkommen bei Mobil-Service Müller. Wir sind von Montag bis Freitag von 10 bis 17 Uhr und am Samstag von 10 bis 13 Uhr für Sie da. Sonntags und an Feiertagen haben wir geschlossen. Vielen Dank für Ihren Anruf und auf Wiederhören.

内容:

いらっしゃいませ，携帯電話サービスのミュラーです。私どもは月曜から金曜の 10 時から 17 時，土曜の 10 時から 13 時に営業しています。日曜や祝日はお休みさせていただいております。お電話いただきありがとうございました，またお待ちしております。

質問文: Wann ist die Firma geschlossen?

質問文は「この会社はいつ閉まっていますか?」という意味です。選択肢 **1** は月曜 9 時，選択肢 **2** は金曜 13 時，選択肢 **3** は土曜 10 時が描かれています。放送では Wir sind von Montag bis Freitag von 10 bis 17 Uhr und am Samstag von 10 bis 13 Uhr für Sie da.（月曜から金曜の 10 時から 17 時，土曜の 10 時から 13 時に営業しています）と述べられているので，それ以外の時間が閉店時間と考えられます。したがって正解は選択肢 **1** です。選択肢 **2** を選んだ解答が 35.69%，選択肢 **3** を選んだ解答が 30.97% ありましたが，これらはどちらも営業時間内です。［正解率 33.24%］

◇この問題は 9 点満点（配点 3 点×3）で，平均点は 5.14 点でした。

第2部 ここがポイント！

＊聞き取る際，イラストなどの視覚情報がある場合はそれを活用しよう！
＊話の流れを追った上で，指示表現が指している内容に注意を向けよう！
＊場所や時間に関連する表現や，数詞などは正確に聞き取ろう！

第3部 やや長い会話文の聞き取りと記述

正解 (7) **Bad** (8) **180** (9) **15** (10) **Hafen**

放送された会話と質問を聞き，解答用紙の空欄に適切な語または数字を記入することにより，答えを完成させる問題です。問題 **(7)** **(10)** では会話に出てくるキーワードを，問題 **(8)** **(9)** では数詞を聞き取ります。「解答の手引き」および解答用紙に記載されている表現を確認した上で補うべき情報を正しく聞き取る力が求められます。放送された会話は，旅行会社の女性担当者シュタインさんと，ホテルの予約を依頼する男性ホフマンさんとの間で交わされています。

放送

A: Reisebüro Berger. Sabine Stein am Telefon, guten Tag. Was kann ich für Sie tun?

B: Guten Tag, Frau Stein. Mein Name ist Dennis Hoffmann. Ich fahre am nächsten Dienstag nach Hamburg und suche ein Hotel für zwei Nächte. Können Sie mir da helfen?

A: Gerne. Möchten Sie ein Einzelzimmer oder ein Doppelzimmer?

B: Ein Einzelzimmer, bitte.

A: Möchten Sie das Zimmer mit Dusche oder mit Bad?

B: Ein Einzelzimmer mit Bad, bitte.

A: Gut. Ich sehe mal nach. Ich habe hier ein Zimmer im Zentrum von Hamburg. Es kostet 180 Euro.

B: Das ist ein bisschen teuer. Gibt es auch ein günstigeres Hotel? Es muss nicht im Zentrum liegen.

A Dann habe ich hier ein Einzelzimmer mit Bad für 78 Euro. Das Hotel liegt sehr ruhig. Und bis ins Stadtzentrum fahren Sie mit der Bahn nur 15 Minuten.

B: Gut. Das ist kein Problem.

A: Bei gutem Wetter können Sie vom Zimmer aus auch den Hafen sehen.

B: Das ist ja wunderbar! Dann nehme ich das Zimmer.

A: Gerne. Das Zimmer ist jetzt für Sie reserviert.

B: Alles klar. Vielen Dank. Auf Wiederhören.

A: Gern geschehen. Auf Wiederhören.

内容:

A: 旅行会社ベルガーです。電話口で対応いたしますザビーネ・シュタインと申します。こんにちは。どのようなご相談でしょうか？

B: こんにちは，シュタインさん。デニス・ホフマンといいます。来週火曜日にハンブルクに行きます。2 晩泊まれるホテルを探しています。お手伝いいただけないでしょうか？

A: 喜んで。一人部屋それとも二人部屋をご希望ですか？

B: 一人部屋をお願いします。

A: シャワー付きの部屋それともお風呂付きの部屋がいいでしょうか？

B: お風呂付きの一人部屋をお願いします。

A: かしこまりました。探してみます。ハンブルク中心部の部屋があります。料金は 180 ユーロです。

B: それは少し高いですね。もう少し手頃な料金のホテルはありますか？ 中心部である必要はありません。

A: それでしたら，お風呂付きの一人部屋で 78 ユーロのものがあります。ホテルはとても閑静な場所にあります。そして，町の中心部までは電車でたった 15 分です。

B: いいですね。問題ありません。

A: 天気が良いときは部屋から港を望むこともできます。

B: それは素晴らしいですね！ それでは，その部屋にします。

A: よろこんで。いま部屋をあなたのために予約しました。

B: わかりました。どうもありがとうございます。失礼します。

A: どういたしまして。失礼いたします。

放送　問題 **7**

質問文: Was für ein Zimmer möchte Herr Hoffmann?

問題文: Herr Hoffman möchte ein Einzelzimmer mit ＿＿＿＿.

質問文は「ホフマンさんはどのような部屋を希望していますか？」，問題文は「ホフマンさんは＿＿＿＿付きの一人部屋を希望しています」という意味です。会話の中で，シャワー付きの一人部屋，あるいはお風呂付きの一人部屋を希望するか尋ねられ，ホフマンさんは Ein Einzelzimmer mit Bad, bitte.（お風呂付きの一人部屋をお願いします）と答えています。したがって，正解は **Bad** です。なお，解答には Bart や Batt のようなつづりの間違いの他，Dusche という解答も見られました。[正解率 44.38%]

放送　問題 **8**

質問文: Was kostet das Zimmer im Zentrum?

問題文: Das Zimmer kostet □□□ Euro.

質問文は「中心部の部屋の料金はいくらですか？」，問題文は「部屋の料金は□□□ユーロです」という意味です。会話の中で，旅行会社のシュタインさんが Es kostet 180 Euro.（[中心部の部屋の] 料金は 180 ユーロです）と答えています。したがって正解は **180** です。[正解率 57.79%]

放送　問題 **9**

質問文: Wie lange fährt man mit der Bahn vom Hotel bis ins Stadtzentrum?

問題文: Man fährt □□ Minuten mit der Bahn.

質問文は「ホテルから町の中心部まで電車でどのくらいかかるでしょうか？」，

問題文は「電車で□□分かかります」という意味です。会話の中で，Und bis ins Stadtzentrum fahren Sie mit der Bahn nur 15 Minuten.（そして，町の中心部までは電車でたった15分です）と述べています。したがって，正解は**15**です。［正解率 54.30%］

放送 問題 **10**

質問文： Was kann man bei gutem Wetter vom Hotelzimmer aus sehen?

問題文： Man kann den ______________ sehen.

質問文は「天気が良いとき，ホテルの部屋から見ることができるのは何でしょうか？」，問題文は「________を見ることができます」という意味です。会話の中で，Bei gutem Wetter können Sie vom Zimmer aus auch den Hafen sehen.（天気が良いときは部屋から港を望むこともできます）と述べていますので，**Hafen**が正解です。なお，誤答にはHarfenやHalfen，Haffenと書いているものがありました。［正解率 15.72%］

◇この問題は16点満点（配点4点×4）で，平均点は6.89点でした。

第3部 ここがポイント！

＊数は正確に聞き取ろう！

＊基本語彙は正確につづることができるよう普段から意識してしっかり覚えよう！

2022 年度ドイツ語技能検定試験結果概要
年度別結果比較

2022 年度ドイツ語技能検定試験
結 果 概 要

夏　期 ──5 級 4 級 3 級 2 級試験──

（筆記・聞き取り試験　2022 年 6 月 26 日実施）

出願者総数:　3,419 名
実数:　2,939 名

	出願者	受験者	合格者	合格率	合格最低点	平均点
5 級	550	473	461	97.46%	61.06	88.32
4 級	1,001	839	608	72.47%	60.26	70.92
3 級	1,199	981	614	62.59%	60.29	65.14
2 級	669	556	203	36.51%	55.56	51.73

1）出願者実数を除き，すべての数字は併願者を含む。
2）成績優秀者は 3 位まで表彰する。
3）試験場 (21 会場；* 印は非公開)：
トークネットホール仙台　富山大学
信州大学　都留文科大学*　獨協医科大学　獨協大学
成蹊大学　創価大学　日本大学文理学部　武蔵大学
日本大学国際関係学部　愛知大学　京都外国語大学
立命館宇治高等学校*　関西大学　広島大学　香川大学
松山大学　アクロス福岡　長崎外国語大学*　鹿児島大学

冬　期 ——全級試験——

一次試験 (筆記・聞き取り試験　2022年12月4日実施)

出願者総数:　4,738名
実数:　4,091名

	出願者	受験者	合格者	合格率	合格最低点	平均点
5級	500	423	405	95.74%	61.06	84.64
4級	1,415	1,180	796	67.46%	60.26	67.18
3級	1,378	1,059	634	59.87%	60.29	63.94
2級	840	675	343	50.81%	60.42	60.44
準1級	416	349	129	36.96%	53.99	50.70
1級	189	159	28	17.61%	60.00	47.01

1) 出願者実数を除き，すべての数字は併願者，一次試験免除者を含む。
2) 5級，4級，3級，2級は一次試験合格者が最終合格者となる。
成績優秀者は3位まで表彰する。
3) 試験場 (21会場):
北海学園大学　東北大学　新潟大学　金沢大学　信州大学
学習院大学　武蔵大学　立教大学　慶應義塾大学
日本大学国際関係学部　愛知大学　関西学院大学
岡山商科大学附属高等学校　広島大学　愛媛大学
福岡大学　長崎外国語大学　大分県立芸術文化短期大学
熊本大学　鹿児島大学　琉球大学

二次試験 (口述試験　2023年1月22日実施)

受験有資格者:　準1級　129名
1級　28名

	受験者	合格者	合格率	対一次受験者合格率
準1級	123	109	88.62%	31.23%
1級	27	21	77.78%	13.21%

1) すべての数字は併願者，一次試験免除者を含む。
2) 二次試験不合格者のうち，一次試験の高得点者には，次年度に限り一次試験免除の特典を与える。本年度は準1級1名，1級該当者なし。
3) 準1級，1級の成績優秀者は，一次試験と二次試験の得点の合計により順位を決定し，3位まで表彰する。
4) 試験場: JICA地球ひろば　関西学院大学　福岡大学
オンライン会議システム Zoom

■ 5級 ■

年度	夏期試験 出願者	受験者	合格者	合格率	合格最低点	平均点	冬期試験 出願者	受験者	合格者	合格率	合格最低点	平均点
2008							1054	923	809	87.65%	76.47	86.73
2009	468	395	373	94.43%	74.29	90.06	1053	931	839	90.12%	76.47	89.45
2010	544	484	444	91.74%	76.47	88.70	1284	1169	988	84.52%	65.71	78.31
2011	707	626	586	93.61%	74.29	88.47	1053	959	844	88.01%	73.53	85.72
2012	780	696	633	90.95%	74.29	86.92	912	821	707	86.11%	67.65	80.96
2013	746	657	573	87.21%	70.59	83.90	1066	936	802	85.68%	67.65	79.50
2014	816	716	633	88.41%	73.53	85.44	1038	931	790	84.85%	72.22	83.21
2015	888	791	690	87.23%	72.22	85.82	1079	968	854	88.22%	72.22	85.78
2016	705	629	559	88.87%	75.00	86.76	1141	1006	906	90.06%	61.11	80.36
2017	742	667	632	94.75%	61.11	83.81	1071	941	887	94.26%	61.11	83.73
2018	752	659	635	96.36%	61.11	86.42	903	785	772	98.34%	61.11	87.93
2019	748	663	653	98.49%	61.11	89.82	829	711	683	96.06%	61.61	83.38
2020							561	431	419	97.22%	61.61	89.65
2021	558	476	466	97.90%	60.18	88.91	489	408	402	98.53%	61.95	89.86
2022	550	473	461	97.46%	61.06	88.32	500	423	405	95.74%	61.06	84.64

■ 4級 ■

年度	夏期試験 出願者	受験者	合格者	合格率	合格最低点	平均点	冬期試験 出願者	受験者	合格者	合格率	合格最低点	平均点
2008	1854	1588	1114	70.15%	60.00	68.42	3853	3423	2160	63.10%	60.54	67.07
2009	1636	1415	1047	73.99%	60.54	71.45	3500	3133	2102	67.09%	60.00	66.43
2010	1769	1551	1151	74.21%	60.00	70.46	3455	3163	2095	66.23%	60.00	65.75
2011	1616	1427	1129	79.12%	60.00	72.01	3206	2923	2270	77.66%	60.00	71.87
2012	1664	1464	1102	75.27%	60.00	71.91	3267	2992	1625	54.31%	54.00	56.58
2013	1583	1381	882	63.87%	60.00	65.46	3172	2851	1765	61.91%	58.67	64.67
2014	1444	1260	1051	83.41%	60.00	73.79	3013	2759	1911	69.26%	60.00	68.64
2015	1546	1335	1035	77.53%	60.00	72.51	3172	2831	1920	67.82%	60.00	67.79
2016	1466	1285	940	73.15%	60.00	69.69	2748	2443	1771	72.49%	60.26	67.29
2017	1460	1279	958	74.90%	60.26	70.42	2597	2296	1327	57.80%	60.26	63.11
2018	1445	1233	827	67.07%	60.26	67.58	2513	2240	1513	67.54%	60.26	67.42
2019	1411	1222	963	78.81%	60.26	73.02	2450	2140	1628	76.07%	60.26	72.29
2020							1256	970	730	75.26%	60.26	72.57
2021	978	810	612	75.56%	60.26	71.17	1533	1351	893	66.10%	60.26	67.00
2022	1001	839	608	72.47%	60.26	70.92	1415	1180	796	67.46%	60.26	67.18

■ 3級 ■

年度	夏期試験 出願者	受験者	合格者	合格率	合格最低点	平均点	冬期試験 出願者	受験者	合格者	合格率	合格最低点	平均点
2008	2217	1951	1046	53.61%	65.56	66.10	3044	2603	1363	52.36%	61.27	62.09
2009	2111	1838	970	52.77%	62.68	63.76	2632	2266	1163	51.32%	66.20	66.12
2010	2112	1822	954	52.36%	60.56	62.56	2686	2359	1229	52.10%	54.23	55.28
2011	1985	1724	904	52.44%	62.68	63.39	2663	2304	1201	52.13%	58.27	59.29
2012	2210	1920	1056	55.00%	62.59	62.97	2656	2267	1059	46.71%	51.08	51.10
2013	2038	1726	943	54.63%	56.12	57.85	2507	2149	1124	52.30%	53.24	54.16
2014	1921	1622	871	53.70%	55.40	56.96	2474	2133	1186	55.60%	63.24	64.63
2015	1901	1639	896	54.67%	60.29	62.04	2779	2346	1184	50.47%	52.21	53.05
2016	1942	1671	875	52.36%	52.21	53.67	2494	2100	1095	52.14%	55.15	56.81
2017	1808	1545	813	52.62%	59.56	59.96	2501	2096	1150	54.87%	55.15	58.17
2018	1695	1450	828	57.10%	60.29	62.32	2299	1938	1115	57.53%	57.35	59.90
2019	1515	1325	684	51.62%	57.35	58.66	2195	1865	1087	58.28%	60.29	63.23
2020	―	―	―	―	―	―	1431	1087	696	64.03%	60.29	65.88
2021	1176	954	583	61.11%	60.29	64.72	1473	1214	573	47.20%	60.29	58.86
2022	1199	981	614	62.59%	60.29	65.14	1378	1059	634	59.87%	60.29	63.94

■ 2級 ■

年度	夏期試験 出願者	受験者	合格者	合格率	合格最低点	平均点	冬期試験 出願者	受験者	合格者	合格率	合格最低点	平均点
2008							2278	2066	1077	52.13%	65.47	65.14
2009	1329	1212	628	51.82%	60.00	59.69	1634	1474	592	40.16%	55.40	51.65
2010	1259	1141	578	50.66%	57.55	57.48	1617	1456	758	52.06%	62.14	62.42
2011	1127	1008	515	51.09%	56.83	57.22	1512	1358	703	51.77%	61.43	61.64
2012	1277	1155	495	42.86%	55.00	52.58	1616	1425	608	42.67%	55.71	53.69
2013	1164	1044	479	45.88%	56.43	55.14	1485	1309	679	51.87%	62.14	62.24
2014	1105	990	431	43.54%	55.71	54.63	1534	1375	552	40.15%	55.56	53.45
2015	1132	1009	464	45.99%	57.64	56.68	1659	1468	599	40.80%	52.08	49.85
2016	1095	972	422	43.42%	60.42	58.20	1565	1340	536	40.00%	59.03	55.44
2017	1091	949	384	40.46%	55.56	53.38	1472	1257	453	36.04%	51.39	47.41
2018	1041	922	407	44.14%	55.56	53.26	1377	1192	442	37.08%	51.39	48.43
2019	980	866	375	43.30%	60.42	58.27	1235	1061	690	65.03%	65.28	70.19
2020	―	―	―	―	―	―	991	755	452	59.87%	60.42	64.64
2021	754	620	326	52.58%	60.42	61.27	930	760	334	43.95%	60.42	59.08
2022	669	556	203	36.51%	55.56	51.73	840	675	343	50.81%	60.42	60.44

■ 準1級 ■

年度	一次試験 出願者	受験者	合格者	合格率	合格最低点	平均点	二次試験 受験者	合格者	合格率	対一次受験者合格率
1996	2112	1829	615	33.62%	70.2	61.83	593	246	41.48%	13.45%
1997	2003	1740	548	31.49%	66.4	57.96	513	237	46.20%	13.62%
1998	2090	1840	554	30.11%	72.2	64.09	540	249	46.11%	13.53%
1999	2165	1920	599	31.20%	64.9	57.06	587	248	42.25%	12.92%
2000	1976	1783	616	34.55%	73.20	66.96	603	264	43.78%	14.81%
2001	1750	1576	599	38.01%	73.00	68.20	571	274	47.99%	17.39%
2002	1830	1655	573	34.62%	62.64	57.19	554	386	69.68%	23.32%
2003	1776	1584	615	38.83%	56.40	53.08	594	460	77.44%	29.04%
2004	1973	1777	639	35.96%	58.33	53.35	621	471	75.85%	26.51%
2005	1898	1693	633	37.39%	58.13	53.63	622	479	77.01%	28.29%
2006	1887	1676	572	34.13%	50.59	45.76	559	445	79.61%	26.55%
2007	1706	1504	545	36.24%	56.21	51.70	537	442	82.31%	29.39%
2008	992	914	355	38.84%	60.36	57.36	347	271	78.10%	29.65%
2009	1034	934	344	36.83%	56.14	52.02	333	265	79.58%	28.37%
2010	967	880	350	39.77%	60.36	56.52	336	257	76.49%	29.20%
2011	929	847	325	38.37%	55.03	52.18	319	242	75.86%	28.57%
2012	926	829	316	38.12%	53.89	50.54	309	260	84.14%	31.36%
2013	885	792	305	38.51%	52.69	49.61	297	245	82.49%	30.93%
2014	820	751	244	32.49%	51.53	46.56	238	207	86.97%	27.56%
2015	833	753	290	38.51%	54.60	51.52	286	230	80.42%	30.54%
2016	832	760	321	42.24%	60.12	56.63	316	273	86.39%	35.92%
2017	771	683	248	36.31%	52.15	48.16	242	206	85.12%	30.16%
2018	661	583	227	38.94%	58.90	54.79	213	174	81.69%	29.85%
2019	612	538	200	37.17%	58.28	54.41	194	157	80.93%	29.18%
2020	434	316	107	33.86%	53.37	49.21	102	83	81.37%	26.27%
2021	447	385	126	32.73%	58.90	53.47	119	101	84.87%	26.23%
2022	416	349	129	36.96%	53.99	50.70	123	109	88.62%	31.23%

■ 1級 ■

年度	一次試験 出願者	受験者	合格者	合格率	合格最低点	平均点	二次試験 受験者	合格者	合格率	対一次受験者合格率
1996	306	270	55	20.37%	73.0	56.37	54	37	68.52%	13.70%
1997	317	286	42	14.69%	72.9	54.60	41	28	68.29%	9.79%
1998	283	256	32	12.50%	62.5	48.16	30	18	60.00%	7.03%
1999	280	258	48	18.60%	63.1	49.95	48	36	75.00%	13.95%
2000	259	238	70	29.41%	73.12	63.97	68	39	57.35%	16.39%
2001	279	250	61	24.40%	73.02	62.47	57	38	66.67%	15.20%
2002	289	269	59	21.93%	68.28	55.38	58	39	67.24%	14.50%
2003	300	284	84	29.58%	70.29	61.04	82	57	69.51%	20.07%
2004	352	323	58	17.96%	60.00	46.81	57	37	64.91%	11.46%
2005	328	295	52	17.63%	60.23	46.46	46	34	73.91%	11.53%
2006	324	297	53	17.85%	60.23	46.17	53	35	66.04%	11.78%
2007	303	273	54	19.78%	63.53	51.73	53	35	66.04%	12.82%
2008	292	259	50	19.31%	61.76	48.46	46	34	73.91%	13.13%
2009	283	261	43	16.48%	60.00	47.71	42	26	61.90%	9.96%
2010	278	256	27	10.55%	59.09	42.12	26	22	84.62%	8.59%
2011	258	239	29	12.13%	60.23	43.79	28	21	75.00%	8.79%
2012	241	223	55	24.66%	63.64	53.34	55	28	50.91%	12.56%
2013	296	270	67	24.81%	70.45	58.98	67	53	79.10%	19.63%
2014	265	245	40	16.33%	60.23	46.05	39	25	64.10%	10.20%
2015	298	265	61	23.02%	60.23	49.35	60	52	86.67%	19.62%
2016	316	275	53	19.27%	60.23	50.49	52	36	69.23%	13.09%
2017	271	238	29	12.18%	60.00	43.24	28	24	85.71%	10.08%
2018	236	217	37	17.05%	60.00	48.37	36	27	75.00%	12.44%
2019	246	219	63	28.77%	62.29	53.80	63	45	71.43%	20.55%
2020	191	147	29	19.73%	60.00	49.20	29	23	79.31%	15.65%
2021	195	159	39	24.53%	60.00	50.91	39	27	69.23%	16.98%
2022	189	159	28	17.61%	60.00	47.01	27	21	77.78%	13.21%

注） 1. 得点は各級とも100点満点に換算した数字です。
2. 準1級は2008年度からの呼称。2007年度までの2級に相当します。
3. 2016年度より春期試験→夏期試験，秋期試験→冬期試験に改称しました。

「独検」についての問い合わせ先

（公財）ドイツ語学文学振興会　**独検事務局**

112–0012 東京都文京区大塚 5–11–7–101

電話 (03) 5981–9715

独検過去問題集 2023 年版〈5 級・4 級・3 級〉

2023 年 4 月 20 日　発　行

編　者　公益財団法人ドイツ語学文学振興会

発行者　柏　倉　健　介

発行所　株式会社 郁文堂

113–0033 東京都文京区本郷 5–30–21

電話［営業］03–3814–5571　［編集］03–3814–5574

印刷 シナノ印刷　製本 国宝社

ISBN978–4–261–07358–4